ON EDUCATION

Especially in Early Childhood

素

教育

[英]伯特兰·罗素——著　　高惠蓉 王新瑜———译

RUSSELL

长江出版传媒 | 长江文艺出版社

图书在版编目（CIP）数据

罗素论教育 /（英）伯特兰·罗素著；高惠蓉，王
新瑜译. -- 武汉：长江文艺出版社，2024.9
（大教育书系）
ISBN 978-7-5702-3322-9

Ⅰ.①罗… Ⅱ.①伯… ②高… ③王… Ⅲ.①罗素（
Russell，Bertrand 1872-1970）—教育思想 Ⅳ.
①G40-095.61

中国国家版本馆 CIP 数据核字(2023)第 186899 号

罗素论教育
LUOSU LUN JIAOYU

责任编辑：施柳柳　姜　晶　　　　　责任校对：毛季慧

封面设计：扁　舟　　　　　　　　　责任印制：邱　莉　丁　涛

出版：长江出版传媒 ｜ 长江文艺出版社
地址：武汉市雄楚大街 268 号　　　邮编：430070
发行：长江文艺出版社
http://www.cjlap.com
印刷：湖北画中画印刷有限公司

开本：710 毫米×970 毫米　　1/16　　印张：11.875
版次：2024 年 9 月第 1 版　　2024 年 9 月第 1 次印刷
字数：128 千字

定价：42.00 元

序

伯特兰·罗素（Bertrand Russell，1872—1970）是 20 世纪英国著名的哲学家、教育家与数学家。1950 年，他被授予诺贝尔文学奖，以表彰他所写的捍卫人道主义思想和思想自由的各种意义重大的作品。

罗素毕生探究人类知识的众多领域，并给世人留下了宝贵而丰富的思想与成就。他提出了命题逻辑等众多理论，其《数学原理》被公认为现代数理逻辑的基础。罗素对黑格尔的唯心主义哲学进行了批判，并建立了逻辑原子论和新实在论，成为现代分析哲学的奠基人。他所著的《西方哲学史》被誉为西方社会文化传统的理论结晶，对西方哲学史研究产生重大影响。

1927 年，罗素和夫人布拉克在英国彼得斯费尔德市附近创办了一所进步主义学校——皮肯希尔学校，以实现自己的教育理想。他从学校环境、员工选拔、教学管理等方面进行了积极的教育探索。《罗素论教育》已然成为教育理论研究中的必读著作，充分展现了罗素具有前瞻性和实践性的教育理念，深刻影响了现代教育的发展和创新。

本书首次出版于 1926 年。罗素于知天命年得子，这也让他开始尤为关注儿童的教育，并将早期教育与爱提到了至高的地位。他在书中以公正的态度对当时许多新兴教育理论开展了评述，既不全盘肯定也不全盘否定，在肯定其价值所在的同时，也指出其不妥之处。罗素以渊博的学识和独到的见解阐述了教育的真谛，为我们留下了一部直至今日依然具有深远影响的教育论著。

罗素以满腔热情积极投身教育理论和实践工作。他站在父母的角度，以哲学家的身份，从现代教育的基本原理出发，阐述他以个人本位论为基础的教育目的观，探讨他对品格教育与智力教育的理解。在罗素看来，社会本位的教育目的把学生视为达到目的的手段，而人生来就有健全的本能，应在"扩大和发展自然的欲望和本能的过程中求得"美好的生活。但是，罗素并非片面追求绝对的个人发展而忽视社会责任，相反，他主张教育应通过培养和发展人类普遍需要的素质或普遍价值来实现理想的社会，只有这样才能实现个人发展与社会发展的统一，推动个人与社会的良性发展。罗素的教育目的观强调培养具有理想品格的自由人，以适应知识技能和价值观念驱动的社会发展，他将个人发展与社会发展相互融合，视知识传授与价值引领为推动个人和社会发展的共同力量。

本书共十九个章节，分为教育理想（第一至二章）、品格教育（第三至十三章）、智力教育（第十四至十九章）三个部分。罗素以娓娓道来的方式阐释他对理想教育的思考，通过具体的事例，或是评述文学作品中的人物存在的教育问题，抑或是分享自己教育孩子的实例，将教育的理念展开了详尽的分析，体现了从抽象到具体、从概述到细节的写作风格。

罗素首先对本书的整体内容进行了梳理，他从教育的目标出发，把品格教育和知识教育区分开来，并提出品格教育在儿童早期阶段的重要性，在此主题下还划分出一个章节专门讨论性教育的意义，最后讨论智力教育及其目标、课程和可能性。在第一章中，罗素强调需要澄清民主与教育的关系，不可生硬地实行民主原则。他既反对功利主义倡导者的"实用"教育和狭义的装饰教育，也反对"阿诺德博士式"鞭打与说教。儿童具有可塑性，需给予他们更多的注意力，这有利于他们品格训练观念的转变。自然学习的欲望理应取代体罚，成为教育的动力。

罗素高度重视活力、勇敢、敏感与理智，认为这构成了理想品格的根基。本书的第二章中，他写道："一个由因教育而拥有高度活力、勇敢、敏感和理智的男女所组成的社会，将与迄今存在的一切社会都截然不同。"首先，活力既是一种精神特征，也是一种生理特征，它能增添乐趣，激发兴趣，促进个体保持客观态度，有益于健全心智。其次，勇敢，尤其是内在勇敢的培养具有至关重要的作用。压制性的培养方法可能会通过羞愧和耻辱使人产生表面勇敢，但实际上也培养出矛盾的恐惧，留下了祸害。教育要扩大与发展受教育者自由而积极的本能与理智，激发他们的广泛兴趣与普遍热爱，从而培养出完美的勇敢。再次，教育要培养和发展敏感。在罗素看来，敏感是对纯粹勇气的矫正。要培养值得想望的敏感，应该通过明智而有效地培养和发展荣誉感、同情心来实现。每个儿童都喜欢听表扬而讨厌受责备，这是荣誉感的基本形式。它能引起愉悦，遏制贪婪，常常成为人生占统治地位的动机之一。如果培养起对抽象刺激的敏感，当今世界高比例的灾祸将会消亡。最后，智力主要指获得知识的能力，该能力只有通过不断地练习才能获得。在罗素看来，要培养和发展智力必须保护好发展智力生活的先天基础——好奇心。真正的好奇心是由于对知识的热爱而引起的。要想使好奇心富有成效，必须与获取知识的技能联系起来，培养观察的习惯与获取知识的信念，也需要具备一定的智力上的优点，如虚心、坦率等。

在阐述了教育的原理与目的后，罗素进一步详细探讨了品格教育的具体实施方法（第三至十三章），强调了从婴幼儿阶段开始培养良好习惯和消除恐惧的重要性。在第三章中，罗素认为婴幼儿阶段最重要的因素，一是健康，二是品格，且两者方向一致。该阶段的教育需要在忽视和溺爱之间找到巧妙的平衡，提供给婴幼儿满足求知欲的机会，帮助他们养成常规和惯例，将爱心与知识结合起来，从而保证其发展不离正轨。在第四章中，罗素提到了"恐惧"这一主题，他认为大多数儿童的恐惧来自成人的渲染，因此成人首先要做到言传身教，破除自身的恐惧，从而帮助儿童克服恐惧，培养其勇敢的品格。

罗素也重视儿童玩耍的价值，鼓励培养儿童建设的兴趣，他强调教育应当协调私心与财产，保持思想与言语的真诚，谨慎使用惩罚。在第五章中，罗素重视玩耍的教育价值，认为这有助于满足儿童的权力欲。权力意志的形式一种存在于学习做事之中，一种存在于幻想之中。儿童习惯用幻想来弥补现实的不足，当幻想成为刺激物时，它就有了体现人类理想的重要意义。第六章题为"建设"，罗素认为建设和破坏都能满足权力欲，而前者更加困难，因此能带来更多满足感。当儿童体验了建设的快乐后，他们就容易理解尊重他人的劳动成果的必要性。第七章将"私心与财产"作为主题，鼓励儿童树立公正观念，而非自我牺牲。不要因财产不足而让孩子变成"财迷"，必要时应允许孩子拥有私有财产，锻炼自身的操作能力。在第八章中，罗素指出，培养语言和思想上的诚实是道德教育的主要目的之一，成人必须对孩子绝对诚实，同时也必须谨慎判断孩子是否诚实。第九章题为"惩罚"，罗素相信惩罚在教育中只占很小的比重，夸奖与责备需谨慎使用，而体罚绝不是妥当的教育方法。

此外，罗素还强调同伴的重要性，重视爱与同情，探讨性教育，支持幼儿园的设立。第十章通过说明家庭中年龄不同的孩子们之间的相互影响，阐述了伙伴在儿童教育中发挥的重要作用。在第十一章中，罗素提出，正确的爱应是恰当对待成长着的孩子的自然结果，而强迫不会带来正确的爱，教育应创造条件让孩子感受爱，并在潜移默化中解放爱。在第十二章中，罗素将许多人避而不谈的性教育作为主题，从心理和生理角度进行深入探讨。他指出，家庭是开展性教育的主要场所，父母应该以自然的态度真实地回答问题。罗素对性教育的探讨，时至今日仍然对性教育的完善发挥着重要的作用，正确开展家庭性教育有利于创造儿童和谐的成长环境，塑造儿童健康的人格。第十三章题为"幼儿园"，幼儿园不仅提供了照料儿童的新颖技术，而且能够充分发挥同龄小伙伴之间的相互影响力，有利于儿童的成长。

在智力教育方面，罗素认为对智力探险意识的培养应该贯穿整个教育阶段，尽可能让学生主动学习以保持学习乐趣。他从课程的开设时间与形式安排、走读学校与寄宿学校的比较以及大学教育的发展脉络等多个角度向读者介绍了他的智力教育思想（第十四至十九章）。在第十四章"一般原则"中，罗素认为传授知识应以提升智力为目的。品格的完善虽然不是教学的目的，但仍有许多可取的品格能够成为美德，如好奇心、开放的思想、知难而进的信念、耐心、勤奋、专心和严谨。美好的品德是智力教育的基础，若采用适当的方法，智力教育也可以培养出好奇心、虚心、忍耐等美好的智力美德。第十五章详细阐述了罗素理想中的十四岁前的学校课程，强调课程应以发现学生的特殊才能为主要目的之一。在这一章中，罗素对历史、文学、外语、舞蹈、数学等科目的教学都提出了自己独特的见解。第十六章题为"最后的学年"，探讨十四岁以后的学校教育。罗素提倡平均智商以上的学生在十四岁左右应开始分专业，他们在求学过程中应具备智力探索意识，感到自身有成功的可能，进而能够通过学习改造世界。在第十七章"走读学校和寄宿学校"中，罗素以父母的身份谈论给孩子择校时的考虑，从健康、时间、教育方法以及情感等方面分析寄宿学校的利弊。在第十八章中，罗素阐述了大学在社会生活中的作用，并介绍了英国大学发展的三个阶段。为了提高大学的质量，他提出了一些具体措施，其中包括对大学生进行能力测试，评估他们是否达到合格水平以及采取灵活多样的检测方法等。

在本书结论部分，即第十九章中，罗素再次强调爱的力量，认为爱能征服恐惧，这是我们能给孩子的伟大的礼物。他强调应训练儿童的本能，而不是压抑儿童的个性。站在人类理想的高度上，他倡议对人类普遍价值和基本素质的培养。

在本书中，罗素对孩子从出生开始的一系列家庭、学校和社会教育进行了全面而精辟的阐述。尽管罗素的教育思想在某些方面存在一定的局限性，他提到的超越阶级乃至国家界限的教育目的尚缺乏足够的现实基础，但是，他对孩子自身发展的关心、对品格教育与智力教育的重视、对普遍价值的培养以及对四种基本素质教育的精彩论述等都值得我们深入研究和借鉴。他的教育思想和实践为现代教育的进步和发展奠定了基础，对人类文明的发展产生了积极的影响。

本译本是在保证科学性和易读性的前提下，经过精心翻译和校对，努力再现原著写作风格并体现时代性的重要作品。两位译者在翻译的过程中，广泛查阅了原著作者及其作品的相关历史背景资料，全面了解了罗素的哲学思想、教育理念及其他领域的建树等，力求准确地理解作品原著，以确保该译本在内容处理及语言选择上更加贴近原著。与此同时，译者们也关注到了原著的思想性对现代教育的改革和发展的启迪作用，在充分保留该作品的经典性的同时，注重使用更加贴近新时代读者的方式再现经典巨作的思想精髓。对比其他版译本，该译本在忠实于英文原版内容的同时，尽可能将长句转化为短句，将古英语词、术语词等转化为更贴近现实生活的表述方式，使得译本内容更为简洁明了。此外，译者们保留了作者原有注释，它将有助于广大读者更有效地了解原著内容、深入理解罗素思想。

吴刚平

于华东师范大学课程与教学研究所

2024 年 7 月

目　录 | CONTENTS

引　言

　　世界上一定有很多像本书作者这样的父母，他们渴望尽可能地教好自己年幼的孩子，却又不愿让他们受到大多数现有教育机构都有的弊端的影响。这些父母的困难无法通过孤立个体的努力来解决。当然，或许可以请家庭教师在家里教育孩子，但是这种方式会剥夺孩子们天性中所渴望的同伴关系，而没有同伴关系，教育就必然缺乏一些基本要素。而且，让孩子感到自己是奇怪的，是不同于他人的异类，是非常糟糕的；这种感觉，一旦被归咎于父母，孩子对父母无疑会产生憎恨，从而导致孩子叛逆地喜欢上父母最不喜欢的事物。出于这些考虑，有责任心的家长可能会把自己的孩子送到即使他认为存在严重缺陷的学校。仅仅因为几乎所有学校都差不多——或者，即使有令人满意的学校，也不在他们家附近。因此，教育改革的事业被迫强加于这些尽责的父母。不仅是为了社会的利益，也是为了他们自己孩子的利益。如果这些父母富裕，那么要解决他们的私人问题就无须要求所有的学校都是好学校，只要那些离他们近的学校是好学校就可以。但是对于那些工薪阶层的父母来说，只有对小学进行全面改革才能满足他们的需求。由于一位家长会反对另一位家长所希望进行的改革，所以只能进行有力的教育宣传。而改革的有效性要到改革者的孩子长大后才可能被证明。因此，出于对自己孩子的爱，我们被逐步地带入了更广泛的政治和哲学领域。

在接下来的几页中，我希望尽可能远离这些较为广泛的领域。我要讲的大部分内容并不取决于我可能就当今时代的主要争议所持的观点。但是，完全脱离这些观点也是不可能的。我们对孩子期望的教育必须取决于我们的人格理想，以及我们对他们在社会中所扮演角色的期望。和平主义者不会希望他们的孩子接受军国主义者认同的教育，共产主义者的教育观也与个人主义者的教育观大为不同。根本的原因是，把教育看作是一种灌输特定信念的手段的人，无法与那些主张教育旨在培养独立判断能力的人之间达成一致的意见。回避这些问题是徒劳的。与此同时，在心理学和教育学中有大量的新知识独立于这些根本性问题，只与教育密切相关。尽管这些知识已经带来了非常重要的成果，但是要人们完全吸收这些新知识，仍有很多工作要做。尤其是将这些新知识应用于人生头五年的教育中，仍需很多努力；人生头五年的教育的重要性远超我们过去的认识。而这也就意味着父母在教育上的重要性相应增加。我的目标和宗旨是尽可能地避免有争议的问题。在某些领域，争辩性的写作是必要的，但是当读者是父母时，作者可能会显示出对这些父母的子女的福利的真诚渴望，仅此一点，再加上现代知识，就足以解决大量的教育问题。本书中，我要讲的内容源于我对自己的孩子的困惑；因此，这既不是遥不可及的，也不是理论性的，我希望这能够帮助其他面临类似困惑的家长厘清思路，无论他们是否认同我的想法。父母的意见非常重要，但由于缺乏专业知识，父母常常会拖累最优秀的教育家。我坚信，如果父母希望他们的孩子接受良好的教育，那么将不乏愿意且有能力提供这种教育的老师。

在接下来的内容中，我建议首先考虑教育的目标：个体的品质和社会的性质，这些可能是我们期望看到的、施加于当前质量的原材料上的教育产品。我忽略了无论是通过优生学，还是其他任何自然或人为的原材料质量方式进行品种改良的问题，因为其在本质上不属于教育的问题。但是我十分重视现代心理学的发现。它们认为，早期教育决定人的性格，其决定程度远比前几代最热心的教育家所认为的要大。我把品格教育和知识教育区分开来，因为后者严格意义上来说应被称为知识教导的。这种区别是有用的，但不是根本的：某些美德是被教导的学生所需要的，而成功地践行许多重要美德则需要大量知识。然而，为了讨论方便，我们先将知识教导与品格教育区别开来。我将首先谈论品格教育，因为品格教育在早期尤为重要；但不止在幼年重要，我将把对品格教育的讨论一直延续至青春期，并在此主题下讨论有关性教育的重要问题。最后，我将讨论从阅读和写作的第一课到大学学业结束期间的智力教育，以及这种教育的目标、课程和可能性。至于成人从生活和世界中获得的继续教育，我认为超出了我的讨论范围；但是，培养成人从经验中学习的能力应是早期教育最重要的目标之一。

第一部分

教育理想

第一章　现代教育理论假设

即使在阅读早前写得最好的教育著作时，人们也会意识到教育理论领域已经发生了一些变化。19 世纪之前的两大教育理论的改革者是洛克和卢梭。他们在写作中都纠正了那个时代许多广为流传的错误观点，因此负有盛名。但是，他们在自己的领域内均未达到现代教育家的境界。比如，他们两人虽然有自由主义与民主倾向，但是他们所考虑的却只是贵族男孩的教育，而其中一人更是倾其一生致力于此。无论这样一种制度的结果有多么出色，任何具有现代观念的人都不会认真考虑它，因为计算一下就可知，不可能让每个儿童都占有一位成年教师的全部时间。因此，只有特权阶级才可能使用这种制度；而在一个公正的世界里，这不可能存在。尽管现代人会在现实中为自己的孩子谋求特殊的好处，但他们也认为只有采取某些教育举措，使教育面向所有儿童，或者至少让每个有能力从教育中获益的人都能受到教育，这一理论问题才能得到解决。我这样说的意思，不是要让富人现在立马放弃当今社会尚未人人拥有的教育机会。这样做的话，便是为了所谓公正而牺牲文明了。我的意思是，我们在未来必须建立的教育制度，应该是一个能为每一个男孩和女孩提供当时所存在的最佳机会的制度。理想的教育制度必须是民主的，尽管这种理想不能立即实现。但我想，这点在当今应已得到普遍赞同。在此意义上，我将时刻将民主记于心间。我所倡导的一切都将是具有普遍意义的，但与此同时，如果一个人有能力和机会去使其子女获得更好的教育，那么他也不应该受限于这普通教育。但即使是这种最起码的民主原则，在洛克和卢梭的著作中也是不存在的。而且，尽管卢梭并不信任贵族政治，但在涉及教育问题时，他却并未显示出这种不信任。

澄清民主与教育的关系非常重要。在此问题中死守统一性将会带来灾难性后果。有些男孩女孩聪颖过人，他们能够从更高级的教育中受益良多。有些教师受训得当，或者比常人更具有教学天赋，但是让所有儿童都能被这样杰出但数量有限的教师所教则是不可能的。对于是否应该让所有人都享有接受最高等教育的权利这个问题，我本人保持怀疑，而且目前来看，这一点也是不可能立即实现的。因此，生硬地实行民主原则，可能会导致任何人都得不到这种教育。这种意见如果被采纳，必定使科学进步遭受致命打击，并且使一百年之后的普通教育水平不必要地在低水平徘徊。我们不应该牺牲进步来求得现阶段机械的平等，我们必须审慎地接近教育上的民主，以便在此过程中尽少地破坏那些偶然与社会不平等相关的宝贵产物。

但是，如果一种教育方法不能普及，我们也不能认为它是一种令人满意的方法。富人家的孩子除了母亲之外，还得到奶奶、护士、保姆和其他家仆的照顾。然而，不管任何社会制度都不可能为所有儿童提供这种待遇。受到这种娇生惯养的儿童是否能从这种非必要的寄生生活中受益，是令人怀疑的，但起码公正的人无论如何都不会建议给少数人以特殊的优待，除非面对特殊的情况，比如面对低能儿或超常者。如今，如果可能的话，睿智开明的父母都会为自己的孩子选择某种实际上并非普遍的教育方法。但其实，为了教育实验的发展，父母也确实应当拥有这样去尝试新方法的机会。不过，如果这些新方法能够产生良好结果，那么它们应当是可以被普遍推广的，而不是因其性质特殊而只成为少数特权阶层的专利品。幸运的是，现代教育理论和实践中的一些最好的元素有着极其民主的起源，比如蒙台梭利夫人的工作便起始于贫民区的幼儿学校。在高等教育中，为特殊人才提供特殊机会是必不可少的措施，然而不能因此有理由认为任何一个儿童只因选择了面向公众的教育制度就是吃亏。

　　教育中还有另一种与民主有关的现代趋势，其或许更有公开讨论的必要——我指的是使教育成为实用的而非装饰的趋势。有关装饰性与贵族的关系已在凡勃仑所著的《有闲阶级论》① 中得到深入探讨，但与我们有关的只是这些关系中的教育方面。在男子教育中，这个问题与古典教育和现代教育之争密切相关；在女子教育中，这个问题是培养"淑女"的理想与培养独立女性的愿望之间相互冲突的一部分。但是，与女子有关的整个教育问题已经被"男女平等"这一追求所曲解：有人试图使女孩获得与男孩相同的教育，尽管这种做法本身并无好处。因此，女性教育工作者总是以把同年级男生所学到的"无用的"知识也传授给女生为目标，并且激烈反对把母亲技术训练作为女性教育的一部分。尽管"淑女"理想的破灭是这一趋势最显著的证明之一，但这些相反的思潮使我所要讨论的教育发展趋势在女子有关的方面变得不甚明了。为了避免混淆这个问题，我暂且只讨论男子教育。

　　许多有关其他问题的争论，都在某种程度上与我们现在所讨论的问题有关。男孩的学习应以古典学科为主还是以科学学科为主？在对该问

---

　　①　此书由伦敦乔治·艾伦—昂温有限公司出品。

题的讨论中，有些人认为古典学科是装饰性的，而科学学科是实用性的。教育应当尽快成为某些行业或职业的技术训练吗？实用与装饰之间的争论虽然不是决定性的，但是却意义重大。孩子们应该学会准确发音、文雅举止，还是这些只不过是贵族的遗风？除艺术家外，学习艺术鉴赏是否具有价值？字的拼法是否应当音形一致呢？所有这些以及其他许多争论都或多或少地建立在实用和装饰的争论之上。

　　然而，我认为所有的争论都是不切实际的。这些术语一旦被界定，那么争论就会烟消云散。如果我们对"实用的"做广义的解释，而对"装饰的"做狭义的解释，那么一方获胜；反之则另一方获胜。从最广泛和最正确的意义上来说，有良好结果的行动是"实用的"。而且，这些结果除了"实用"还应该是"良好的"，否则我们就没有真正的定义。我们不能说一个实用的行动就是一个有实用结果的行动。"实用"行动的实质，在于它能够产生某些不仅是实用的结果。有时需要一系列结果才能达到堪称"良好的"最终结果。犁之所以有用在于其能耕地。但是耕地本身并不是什么有用的事，只是因为耕地之后能够播种才变得有用。而播种之所以有用在于它能够产生粮食，而粮食之所以有用在于它能够生产面包，而面包之所以有用在于它能够维持生命。但是生命必定具有某种内在的价值：如果生命只是其他生命生存的工具，那么就是无用的了。生命是好是坏，全视情况而定。因此，当生命成为美好生活的工具时，生命便是有用的。有时我们必须超越这条环环相扣的功利链，去找到一个悬挂链条的钩子，否则，该链条的任何一个环节都将失去实际用途。当"实用"被这样定义，就无须再讨论教育是否应该实用。既然教育过程是达到目的的手段，而非目的本身，那么教育理所应当是实用的。但是这种解释并非是那些功利主义教育倡导者的想法。他们极力主张教育的结果应当是实用的：简单来讲，他们认为一个受过教育的人就是一个懂得如何制造机器的人。如果我们问机器的用途是什么，他们最终的回答是机器能产生身体所需的必需品和慰藉品，比如食物、衣物、房子等。因此，我们会发现功利主义者只将内在价值局限到身体满足上：对他们来说，"实用"就是有助于满足身体需要和欲望。当"实用"之意果真如此所说，而且如果功利主义倡导者在阐述一个终极哲理，那么他必错无疑。不过在一个许多人都还在挨饿的社会里，他可能会成为一个正确的政治家，因为满足身体的需要在那时确实是最迫切的事情。

在讨论本论题的另一方面时，同样需要类似的细致剖析。当然，称呼另一方面为"装饰的"，是对功利主义倡导者的让步，因为"装饰"一词听起来多少有点无关紧要的意味。用"装饰的"形容"绅士"或"淑女"甚为贴切。18 世纪的绅士语音纯正、引经据典恰到好处，衣冠楚楚、深谙礼节，并知道何时竞争能够提升声誉。在《鬈发遇劫记》一书中，有这样一位男子，他

> 虚荣地吸着琥珀鼻烟壶，
> 优雅地握着云头状藤杖。

他的教育是最狭义的装饰，而在我们这个时代，已经很少有人能够富裕到获得那样的教育。旧时意义上的"装饰的"教育理想是属于贵族阶级的：它也只能属于拥有大量财富且无须工作的阶级。那些高雅绅士和淑女的故事在历史长河中被津津乐道；他们的传记和乡间别墅给我们带来一种我们不会再为子孙后代提供的愉快。但是他们的美好之处即使

是真实的，也绝不代表至高无上，更何况那些东西都是极为奢侈的产物。荷加斯的《杜松子酒巷》曾把他们付出的代价描写得栩栩如生。如今已经没有人再提倡这种狭义的装饰教育了。

但这依然不是真正的论题。真正的论题是：我们的教育目的应该是使大脑载满有直接实际用途的知识，还是应该使学生拥有对他们自身发展有益的精神财富？知道 1 英尺有 12 英寸，1 码有 3 英尺是有用的，但是这种知识没有内在价值；对于那些生活在使用米制地区的人来说，这种知识更是毫无用处。另一方面，学会欣赏《哈姆雷特》在实际生活中并没有什么太大的作用，除非某人碰巧想要杀死他的叔叔；但是它能给予人一种不能拥有便会感到缺憾的精神财富，并且它也能在某种意义上使人变得更出色。后一种教育便是那些反对将功利定为教育唯一目标的人更偏爱的教育。

在功利主义教育的倡导者和反对者之间，似乎存在着三种具有不同实质意义的争论。第一种为贵族与民主主义者的争论，前者主张特权阶级应当学习利用闲暇时间去做自己高兴的事，而平民阶级却应该从事有益于他人的劳动。民主主义者对此提出的反对意见稍显混乱：他们一方面不赞成向贵族阶层传授无用的知识，但同时又认为工薪阶层的教育不应被局限在实用的范围内。因此我们会发现，民主主义者反对在公立学校中进行旧式的古典教育，但同时又要求工人们应该拥有学习古典拉丁文和希腊语的机会。这种态度也许在理论上不够明晰，但是在实践中却大体正确。民主主义者不希望将阶层割裂为两部分，一部分崇尚实用，一部分讲究装饰；因此他们主张向只讲究装饰的阶层灌输纯粹实用知识，向崇尚实用的阶层传授纯粹娱乐的知识。然而，民主主义本身并未规定这些成分以何比例混合。

　　第二种争论为物质利益至上者与精神愉悦享受者之间的争论。假如富有的现代英国人和美国人能够搭乘魔法回到伊丽莎白时代，那么他们中大部分人都会想要回到现实世界中来。因为那时的社会没有浴室、茶和咖啡、汽车以及其他当时尚未出现的物质享受，所以即使有莎士比亚、雷利及菲利普·西德尼爵士这样的名士，有优雅的音乐和精美的建筑，也不能满足他们。这类人，除非他们受到保守传统的影响，都会认为教育的主要目的在于增加商品的数量和种类。他们也许能接受医学和卫生学，但是对文学、艺术或哲学却毫无兴趣。毫无疑问，这些人是反对文艺复兴时期所设的古典课程的主力。

　　我认为，单凭精神的东西比纯物质的东西更有价值的说法来反驳这种态度是不公平的。我相信这种说法是正确的，但不是全部真理。因为物质的东西虽然缺乏极高的价值，但物质的危害却能够极大地影响到精神的优越性。自从人类有了先见之明，对饥荒、疾病的认识以及对它们的恐惧就一直影响着大多数人的生活。鸟儿大多死于饥饿，但是当食物充足时，它们便会无忧无虑，因为它们并不考虑未来。而从饥荒中幸存下来的农民则将永远被那段记忆与恐惧所困扰。

　　人类宁可长时间地辛勤劳作以换取微薄的收入，也不愿死去；而动物们则宁愿以死作为代价去换取哪怕一丝的快乐。多数人之所以能够忍受毫无乐趣的生活，是因为不这样做生命便会消逝。如今，由于工业革命及其副产品的出现，人类有史以来首次有可能去创造一个人人享有合理幸福机会的社会。只要我们愿意，物质上的困顿可以减至极小的程度。通过组织和科学，可以使世上人人有饭吃、有房住，即使不会太奢华，但是也不会有什么大的苦难。疾病可得以抵御，慢性病也会变得罕见。防止人口增长超过粮食供应之增长也将成为可能。笼罩在人类潜意识暗处的巨大恐怖会带来残酷、压迫和战争，而现在这种恐怖会大大减少，乃至变得无关紧要。所有这些都将对人类生活产生难以估量的价值，那我们又怎敢去反对可以带来这一切的教育呢？在这种教育中，应用科学必将成为主要部分。没有物理学、生理学和心理学，我们不可能建立一个新世界。而没有拉丁语、希腊语，没有但丁和莎士比亚，没有巴赫和莫扎特，我们却能建立这样一个新世界。这是支持功利主义教育的有力证词。我曾大力宣讲过这个论据，因为我觉得它很有说服力。然而，问题还有另一面。如果人们不知道如何享受闲暇和健康，那么拥有这两样东西又有什么用呢？反对物质危害的战争像其他任何战争一样，绝不能在使人们失去和平建设的能力的狂暴中进行。这个世界绝不能在善与恶的斗争中湮没。

现在我要来解释一下第三种争论。是否只有无用的知识才具有内在价值？具有内在价值的知识是否都是无用的？就我个人而言，年轻时曾在学习拉丁文和希腊语上花费大量时间，但现在想来那几乎是白费工夫。古典知识对于我之后生活中所遇到的问题几乎没有帮助。与其他百分之九十九学古典知识的人一样，我并不精通古典学，更不能从阅读中获得快乐。我曾学过诸如"supellex"一词的所有格之类的东西，并且我也不曾忘记。这种知识较之于"1码有3英尺"这类知识并不具有更多的内在价值，它对我的用处就只是让我能举出上述例子而已。另一方面，我所学的数学和科学不仅非常实用，而且也极具内在价值，例如，它们可提供沉思的素材，还可作为这充满谎言的世界里的试金石。当然，这在一定程度上是个人的特性，但我相信从古典中获益的本领在现代人中是更为罕见的特性。法国和德国拥有着珍贵的文学作品，它们的语言容易掌握，并且具有许多实际用途。因此，法语、德语和拉丁文、希腊语比起来具有压倒性的优势。即使较为重视并不具有实际用途的知识，我认为我们也可以合理地提出，除了专门人才的教育外，这类知识的学习不应将太多的时间和精力花费在技术的装置上（比如学习语法）。人类知识的总量和人类问题的复杂度正在不断增加，因此，若要腾出时间学习新东西，每代人都必须不断修正其教育方法。我们必须在妥协中保持平衡。教育中的人文主义要素必须得以保留，但是也应当被充分简化，以便为其他要素的学习发展留出空间，否则借助科学创造新世界将永远只是梦想。

我不是说教育中的人文主义要素不如实用主义要素重要。学习伟大的文学作品，通晓一些世界的历史，欣赏一些音乐、绘画和建筑，有助于充分发展富有想象的人生。只有通过想象，人类才能构想未来世界的样子；没有想象，"进步"将是机械且微不足道的。然而，科学也能够激发想象。当我还小的时候，天文学和地质学便较之于英法德文学更能激发我的想象，因为其中许多文学名著我都读得一头雾水，丝毫提不起兴趣来。其实这是很个人的问题，有的孩子从这一处获得激励，而有些孩子是从那一处获得激励。我的意思是，当掌握一门技术要求高的学科时，除了专门人才训练外，那门学科应当是实用的。在文艺复兴时期，使用现代语写就的伟大文学作品屈指可数，然而现在却数不胜数。希腊传统中许多有价值的东西可以传达给那些不懂希腊语的人；至于拉丁传统，其价值并不是很大。因此，对于那些缺乏特殊才能的孩子们来说，应在无须掌握困难学习装备的前提下去学习人文知识。在之后的岁月里，学习起来较为困难的学科应该仅限于数学和科学。但是，对那些对其他学科有强烈爱好或特殊天分的孩子可以破例。我们应避免一刀切。

至此，我们一直在考虑应当传授何种知识这个问题，现在我要转向

另一些问题，这些问题部分是关于教学方法，也有部分是关于道德教育
和品格训练。此处我们不再涉及政治问题，而开始涉及心理学和伦理
学。时至今日，心理学也还只是一种学术研究，很少被应用到实际事务
中。然而现在这一切都变了。例如，我们现在拥有了工业心理学、临床
心理学、教育心理学，所有这些学科都具有巨大的实用价值。我们或许
可以希望或是预期，心理学对我们风俗制度的影响在不久之后会迅速增
加。不管如何，教育已经开始受到心理学的影响，并且受益匪浅。

让我们首先讨论一下何为"纪律"。旧式纪律的含义十分简单：一
个儿童被命令去做他讨厌的事情，或者被禁止去做他喜欢的事情。当他
不听从命令时便会遭到体罚，更极端的，甚至会被拘禁，只给面包和
水。例如，《费尔柴尔德的家庭》一书中便描述了小亨利是如何学习拉
丁文的。人们告诉他如果他学不好拉丁文，他便永远做不了一个牧师。
但尽管如此，小男孩依旧不能像他父亲所期望的那样专心致志地学习。
于是他被关进了阁楼，只给他面包和水，并且禁止他和姊妹们说话，他
的姊妹们已经被告知小亨利的行为不检点，谁也不准理他。然而，还是
有一个姊妹给他送了些食物。但是男仆告了她的状，因此她也受到了牵
连。据书中所述，在一段时间的禁闭之后，小亨利开始喜欢拉丁语，并
且从此刻苦认真起来。现在我们把这个故事和契诃夫笔下的有关他叔叔
教小猫捉老鼠的故事做一下比较。他的叔叔把一只老鼠放进小猫所在的
房间，但是这只小猫的捕猎本能还未被开发，因此并未注意到老鼠。因
此这位叔叔把这只小猫打了一顿。第二天，第三天，第四天……也重复
了相同的步骤。最后这位教授叔叔认定了这只小猫是只小蠢猫，无法教
导。虽然小猫长大之后各方面都很正常，但是每次一看见老鼠都会吓得
冒冷汗、仓皇而逃。契诃夫最后说："就像这只小猫，我曾不胜荣幸地

在我叔叔魔爪之下学习过拉丁文。"这两个故事表明了旧式的纪律以及现代的反抗。

　　但是现代教育家并非简单地回避纪律，而是通过新方法来维护它。在此问题上，那些从未研究过新方法的人很容易产生误解。我过去一直认为蒙台梭利女士废除了纪律，以致我一直在想她是如何能管住一屋子的小孩的。但是在读了她对自己方法的论述之后，我才知道纪律仍占有重要的地位，丝毫没有被废除的意思。自从我每天上午把自己的小孩送进蒙台梭利式幼儿园后，我发现他迅速变成了一个更懂规矩的人，而且乐于遵守学校的规定。但是他完全没有被外界强迫的感觉：那些规定就像是游戏规则一样，遵守是为了乐趣。旧式观念认为，儿童是不可能自愿去学习的，是只能以恐吓来强迫他们进行学习的。现在发现，这完全是由于缺少教学技巧所致。若将所学的东西，比如读和写恰当分期，那么每一阶段必能引起普通儿童的兴趣。当儿童做他们喜欢的事情时，自然无需外加的纪律约束。几项简单的规定——任何儿童都不允许打扰其他小孩，任何儿童都不允许同时占有一件以上教具——既简单又合理，因此孩子们遵守起来没有问题。儿童由此便懂得了自律，这种自律部分由于他们良好的习惯，部分因为他们逐渐意识到，在某些场合中适时的克制可以获取更长远的利益。人人都知道这种自律精神在游戏中较容易获得，但是没有人想到知识学习也能变得如此有趣，以至于将动机付诸行动。我们如今已经意识到这是有可能的，并且它不仅适用于儿童教育，也适用于各个阶段的教育。我不能贸然地说这很容易做到。教育学的新发现需要天才，但是将之加以应用并不需要天才。他们所需要的只是正确的训练，和一定程度上的同情心和耐心，而这两者并非不同寻常。基本的概念是很简单的：正确的纪律并非产生于外部的压制，而是产生于使人自然地去做喜欢而非讨厌事情的思维习惯中。令人惊叹的是，在寻求体现这一教育思想的教学方法上，我们已经取得了巨大的成功。因此，蒙台梭利女士理应受到最高的赞扬。

"原罪"信念的衰败使得教育方法发生改变。现在几乎已经绝迹的传统观念认为，我们所有人生来便是遭天罚的人，本性邪恶；要得善报便应先成为蒙天恩的人，而不断地受罚可大大加快这一过程。多数现代人都难以相信这种理论对我们的先辈产生的影响之大。从斯坦利撰写的阿诺德博士生平中摘录的两段话可以看出，现代人的怀疑是错误的。斯坦利是阿诺德博士的得意门生，也是《汤姆·布朗的学生时代》一书中描写的好学生亚瑟的原型。他是本人堂兄，作者儿时曾由他带着参观威斯敏斯特大教堂。阿诺德博士则是被视为英国荣耀之一的英国公学的改革者，至今人们也大多依照他的原则进行办学。因此，在讨论阿诺德博士时，我们不是在讨论久远的事情，而是在讨论时至今日在培养上层英国人过程中仍在发挥效力的事情。阿诺德博士减少了鞭打，仅对幼小孩童使用，而且他的传记作者告诉我们，这种鞭打仅限于用在惩罚"诸如撒谎、饮酒、懒惰等道德过失"上。但当一家自由主义杂志指出鞭打是一种使人堕落的惩罚并应当废除时，阿诺德博士却勃然大怒。他借报刊回复道：

"我非常清楚这种议论所表达的情感；它源于个人独立的自负观念，而这种观念并不合理，其本质上是野蛮人的思想。这种思想曾给欧洲带来骑士时代的一切诅咒，现在又以雅各宾主义的恶行来威胁我们。……在几乎不可能发现罪恶或过失之堕落的正确观念时代，聪明人中还有谁会说人格修正对品格有害这样荒唐的话？朴素、冷静和谦逊乃是青年的最佳装饰品，也是高贵成年男子的最好特征，而那种议论是何等虚伪和有害。"

他的门徒所教的学生认为当印度当地人缺少"谦恭美德"时，对其进行鞭打是非常自然正常的事情。

还有一段话已在斯特雷奇先生所著的《维多利亚时代名人传》一书中引用过，但这段话如此切题，让我忍不住再次引证一下。阿诺德博士外出休假时曾欣赏过科莫湖的美丽风光。他在给妻子的信中曾有这样一段关于自己心境的记录：

"环顾四周绝美的景色，再一想到人类道德的邪恶，我便不胜惶恐；天堂与地狱之间仿佛并无一条巨大的鸿沟，简直就是彼此相连，而且离我们实在不远。但愿我的罪恶感能够像我对自然美的喜悦一样强烈，因为深切的罪恶感较之其他任何事物，蕴含着更多的上帝救助的知识。只会称赞美德是不够的，我们固然能够赞赏道德，但是我们自身未必能做到言行一致；如果我们真的痛恨罪恶，不是痛恨罪恶所寄存的人，而是人身上所寄存的罪恶，并且极为明确地认识到这种罪恶就在我们自己心中——这表明我们有了上帝和基督的感情，并使我们的精神与上帝的精神和谐一致。唉！说起来容易做起来难啊！谁能做到这些？没有一人，除非他能感到并真正地痛惜自己的不足。我的爱妻及我们亲爱的孩子啊，愿上帝永远通过耶稣保佑你们。"

这位天性和善的绅士将自己深陷于这样一种近乎施虐狂的心境，从而心安理得地鞭打幼小儿童，并把这一切归在尊奉博爱的名义之下，这实在令人叹惜，这个误入歧途的人着实令人惋惜；但他通过制造痛恨包括儿童惰性在内的所谓"道德罪恶"氛围从而使世界产生一代代残忍之人，更是一场悲剧。一想到正直的人自以为正义地惩罚"道德罪恶"，从而犯下战争、折磨与欺压之罪，我就不寒而栗。不过幸运的是，现代教育家们不再把孩子们当作撒旦的爪牙。尽管在对待成人，特别在惩治罪恶时，这种观念依然十分流行，但是在托儿所和学校，这种观念几乎消失了。

还有一种错误观念与阿诺德博士的观念正好相反，虽然这种观念危害要小得多，但以科学眼光看其依然是一种错误。这种观念即相信儿童性本善，只是因为受到长者劣行的影响才会逐渐堕落。据说这种观念与卢梭有关，他也许曾在理论上赞同这一观念，但是当人们读了《爱弥儿》一书后会发现其实卢梭认为，儿童想要成为一种制度所计划培养的完美之人，确实需要经过大量道德上的训练。事实上，儿童既非性本善，也非性本恶，他们生来只有反射特性和几种本能。因此，孩子们会在周围环境的作用下养成或好或坏的习惯。这些习惯主要取决于母亲或保姆的智慧，儿童的本性在起初具有惊人的可塑性。绝大多数儿童既具有成为良好公民的原料，又有成为罪犯的原料。科学的心理学指出平日的鞭打和周末的说教并非培养美德的理想方法，但也不意味着我们没有实现该目的的方法。塞缪·巴特勒认为过去的教育家以折磨儿童为乐，这点很难否认，否则很难理解他们为什么要向孩童如此长久地施加无谓的痛苦。其实让健康的孩子变得愉快并非难事，而且只要其身心均能得到合适的照料，多数儿童都会健康成长的。若要培育最优秀的人类，那么拥有快乐的童年是必不可少的。如果能让儿童感受到他所接受的教育存在着一些值得掌握的知识，那么被阿诺德博士视为"道德罪恶"表现形式之一的习惯性懒惰就不会存在。① 但是如果所传授的知识毫无用处，而且传授知识的人又如暴君一般，那么孩子们自然就会像契诃夫笔下的小猫那样了。自然的学习欲望是每个正常儿童都会拥有的，他们努力学走路、学说话便是证明，而这种自然欲望应该成为教育的动力。以这种动力取代体罚便是当代伟大的进步之一。

由此我要来谈谈我在初步考察现代趋势后所要指出的最后一点——给予幼儿期以更多的注意。这与我们关于品格训练观念的转变紧密相连。旧观念认为道德主要依靠"意志"：我们本身充满恶念，全靠意志这种抽象的能力对其加以控制。显然，这种说法认为恶念无法根除，我们能做的只有控制它们。这就像犯人与警察之间的关系。过去，无人会假定一个没有犯人的社会的存在，最多认同培养一支训练有素的警队，使大部分人不敢犯罪，对个别例外者，则会逮捕和严惩。而现代犯罪心理学家并不同意上述观点，他们认为，大多数情况下，犯罪的冲动是可以通过恰当的教育来加以预防的。适用于社会的东西也适用于个人。尤其是希望被长者和同伴所喜爱的儿童，他们通常有一些可根据他们所处境况发展向好或坏的冲动。而且，他们正处于新习惯易于养成的年纪，而好的习惯几乎可以自动地造就大部分美德。另一方面，旧式道德对恶念放任自流，仅仅使用意志力去控制其外显，这样对恶行的控制远不能如人意。恶念，犹如被水坝拦住的河水，随时在寻找缺口以逃脱那意志的监视之眼。年轻时有弑父念头的人，可能会在鞭打自己儿子中找到快感，并自认为他是在惩罚"道德罪恶"。凡是为残忍辩解的理论，几乎

---

① 也许阿诺德博士的大部分学生都患有腺样增殖症，尽管该症会导致习惯性怠惰，但却没有医生会建议以鞭笞加以治疗。

都是起源于被意志所扭曲的某种欲望，这种欲望被压入意识深处，最后以痛恨罪恶或某种值得尊敬的样子出现，使人无法辨认。因此，用意志控制恶念有时虽然必要，但是并不能作为一种培养美德的方法。

以上思考涉及了精神分析领域。我发现精神分析的许多细节颇为荒诞，并且缺乏足够的证据。但是其所展现出的一般方法在我看来却十分重要，其对创造道德训练的正确方法也至关重要。许多精神分析家赋予婴幼儿时期的重要性似有夸大：按他们所说，人的品格似乎在三岁时便已固定。但我相信，事实并非如此。但是他们的错误是正确方向上的错误。在过去，人们忽视幼儿心理；不过，当时流行的智力研究方法也不可能对幼儿心理有深刻的了解。现在以睡眠为例，所有的母亲都愿意让自己的孩子睡觉，因为这样既对孩子健康有益，又让大人省心。因此她们发明了一种方法：晃动摇篮并哼唱摇篮曲。后来有些男人经过科学研究发现这种做法是错误的，因为这种方法虽然能让孩子们随时入睡，但是它也会让孩子们养成坏习惯。每一个小孩都喜欢被人照料，因为唯我独尊的感觉是令人愉快的。如果一个孩子发现不睡觉能引起注意，那么他很快就能学会这一招。最终的结果既会损害健康又会危害品格。其实其中最重要的事是养成习惯：床与睡眠密切相关。一旦这种关系得以充分建立，除非生病或受痛，孩子就决不会躺到床上还不睡觉。但这种关系的确立需要有一定的约束训练，放任自流、听凭天意是绝不可能达到这种效果的，因为这会使孩子们感到躺着不睡很好玩。同样的思考也可应用于其他各种好习惯或坏习惯的养成。整个研究目前还处于起步阶段，但是其重要性已经彰显，日后势必更加重要。显然，对于品格的培养必须从小抓起，并且所需要的方法往往与保姆和无知母亲的实际做法相反。同样地，有目的的教育可比前人所认为的那样更早进行，因为这种教育可充分利用婴幼儿的注意力，使教育变得生动有趣而非死板紧张。对于上述两个方面，教育理论在过去几年间已经发生了相当大的改变，有益的成效也将在今后几年愈加明显。鉴于此，接下来我将详细谈一谈婴儿期的品格教育，然后再讨论之后岁月的教育问题。

第二章　教育的目的

　　在考虑如何进行教育之前，我们最好先对想要达到的结果有明确的认识。阿诺德博士赞赏"谦卑"，这是一种亚里士多德所谓"对失败者慷慨之人"所缺乏的品质。而尼采的理想是非基督教的。康德的理想同样如此：虽然基督教主张博爱，但是康德却教导说以博爱为动机的行为并非真正的美德。即使人们对于美好品格的构成要素看法几乎一致，但是对各要素的相对重要性的看法仍可能存在分歧。这个人强调勇气，那个人强调学识，这个人重视仁慈，那个人注重正直。有些人，比如老布鲁图斯，把对国家的义务放在家庭情感之上；而另一些人，比如孔子，则把家庭情感置于首位。所有这些分歧都将产生不同的教育。我们必须首先弄清楚我们想要培养出怎样的人才，然后才能明确知道何为最优良的教育。

　　当然，一个不能实现自己所定目标的教育家可能是愚蠢之人。乌利亚·希普是慈善学校中所谓谦恭课程教学的产物，该课程的效果与其初衷大相径庭。但就大体而言，最具才能的教育家们还是取得了相当大的成功。比如，中国的文化人、现代日本人、耶稣会教士、阿诺德博士，以及美国公立学校政策的指导者，都是如此。这些人都通过自己的方式达到了成功。他们各自所定的目标截然不同，但基本上都实现了初衷。

我们在决定自己应当拥有何种教育目标之前，不妨花一些时间对上述不同的制度进行研究。

中国的传统教育在某些方面与雅典巅峰时期的教育极为相似。雅典男童被要求完整学习《荷马史诗》，而中国男童也被要求精通儒家经典。雅典人表面上尊崇神灵，但不限制知识学问的自由探讨。相似地，中国人也需要开展祖先崇拜的种种仪式，但并不意味着非得接受那些仪式所包含的信仰。温文尔雅的怀疑主义是每个受过教育的成人应具有的态度：任何事都可以讨论，但是断然定论则未免粗俗。各种观点应在饭桌上平心静气地进行讨论，而不应对其争斗不已。卡莱尔称柏拉图为"高贵的雅典绅士，在天国也能怡然自得"。这种"怡然自得"的品格在中国圣贤的身上也可见到，但一般来说，这种品格在基督教文明中却难寻踪影，除非有人像歌德那样深受古希腊精神的熏陶。雅典人和中国人都希望享受生活，并且都拥有细腻敏锐的审美和由此而来的高雅享受观。

然而，这两种文明也存在巨大的差异，泛泛来说，这是由于希腊人精力充沛而中国人悠闲自得。希腊人把其精力投诸艺术、科学和相互残杀上，在这些领域他们都取得了前所未有的成功。政治抱负和爱国主义使希腊人的精力有了用武之地：当一个政治家被放逐时，他便会召集一群流亡者去攻打他的故国。而当一名中国官员被罢黜时，他便寄情于山林，作诗描写田园生活的乐趣。由此可见，希腊文明自我毁灭，而中国文明受外力威胁。可是，这些差异似乎也不能完全归因于教育，因为儒教在日本并未产生中国文人所特有的消极文雅的怀疑主义，只有曾形成冯堡—圣杰门派的京都贵族或可除外。

古代中国的教育产生了稳定与艺术，但却错过了进步或科学。这或许就是怀疑主义所期待的结果。热烈的信仰能产生进步或灾难，而非稳定。科学即使在攻击传统信仰时，仍拥有自己的信仰，因此在文人学士的怀疑主义氛围中很难发展。在一个为现代发明所统一的好战世界里，活力为民族自存所必须。没有科学，便不会有民主；古中华文明仅限于少数受过教育的人，而古希腊文明则立足于奴隶制基础之上。由于上述原因，中国的闭塞教育并不适应现代世界，且已被当代中国人自己所淘汰。18世纪有教养的绅士在某些方面与古代中国文人相似，因此也已不复存在。

现在世界列强都有一种明显的趋势，即以国家的强大作为教育的终极目的，而现代日本正是这种趋势最显著的例证。日本教育的宗旨是通过情感训练来造就一批效忠于国家、因掌握知识而有益于国家的公民。对于上述两种目标，我无法完全赞同。自从培里将军的舰队抵达之后，日本人便面临难以自保的境地；日本的成功证明了其所用教育方法之有效，除非我们认为自保本身该受谴责。但是，只有极困顿的境况才能证明他们教育方法的有效性，倘若没有迫在眉睫的险境，那么任何民族使用这种方法都将受到谴责。甚至连大学教授也不可表示异议的神道教，也包含着《创世纪》一样可疑的历史；在日本的神学专制面前，即使是代顿审判案也相形见绌。此外，还有伦理专制；对民族主义、孝道、天皇崇拜等都不可表示异议，因此很多方面的进步都是几乎不可能的。这种专横制度的最大危险是，它可能会引发革命，以作为进步的唯一途径。尽管这种危险不会立即发生，但是却真实存在，而且其主要是由教育制度所致。

因此，我们可以看出现代日本的弊病与古代中国的弊病恰恰相反。因为中国文人太过多疑和懒散，而日本教育的产物则显得过于武断和勤奋。但不管是多疑，还是武断，都不应该是教育的产物。教育所产生的应该是这样一种信念，即知识在某种程度上是可以获得的，尽管会比较困难；在特定时间里被认作是知识而加以传授的东西可能或多或少都会有点错误，但是这些错误可以通过刻苦钻研来纠正。当我们将自己的信念付诸行动时，我们应该十分谨慎，因为一个小小的错误便可能造成灾难；尽管如此，我们仍应根据信念去行动。这种心态很难达到：它需要有高度的修养和平稳的情感。尽管这样做很困难，但也并非不可能；这实际上是一种科学的态度。知识，就像其他珍品一样，固然难得，但并非不可得。武断者忘记了其中的困难，而多疑者否定了其中的可能性。这两者都是错误的，而他们的错误一旦广泛传播开来，便会造成社会性灾难。

耶稣会教士就像当代日本人一样，错误地使教育服从于一种机构的利益，也就是天主教会的利益。他们主要关心的并不是个别学生的利益，而是要把学生变成教会牟利的工具。如果我们接受他们的神学，我们便不会责备他们：因为从地狱中拯救灵魂比人世间的任何事情都更为重要，而且只有天主教会才能办到此事。但是那些并不接受这种教义的人便会从耶稣会教育的结果来对其进行评判。诚然，教育的结果有时就像乌利亚·希普之例那样并不尽如人意。但总体来说，他们所希望的结果在很长的一段时间里得到实现：反宗教改革运动和法国新教教会的瓦解都主要归因于耶稣会的努力。为了达到这些目的，他们使艺术偏于伤感，使思想变得疏浅，使道德日趋堕落；最后，法国大革命将他们所制造的这些乌烟瘴气一扫而光。在教育方面，他们的罪行在于其所作所为并非出自真心爱护学生，而是源于不可告人的秘密。

如今，在英国公学中依旧发挥效力的阿诺德博士的制度还存在着另一种缺点，即它属于贵族教育。其目的是为本国或帝国版图内的海外属地培养一批执掌权力的权贵。贵族阶级若要生存下去，需要具备一些美德，而这些美德应在学校中进行培养。所造就的人才应当精力充沛、不畏艰苦、体格强健、刚正不阿、严明正直，并且具有使命感。令人惊讶的是，这些结果均达到了。但与此同时，理智也被牺牲了，因为理智会产生怀疑；同情心也被牺牲了，因为同情心也许会阻碍对"劣等"民族或阶级的统治。于是人们为了强硬而牺牲仁慈，为了坚定而牺牲想象。在一个静止不变的世界里，可能导致的结果是产生一个永恒的、拥有斯巴达式优缺点的贵族社会。但是贵族社会已然过时，即使是最贤明的君主，人们都不愿再服从。于是，君主被迫实行暴政，而暴政又进一步激起反抗。现代世界的错综复杂亟须才智的出现，而阿诺德博士却因"美德"而牺牲了才智。滑铁卢之战或许会在伊顿的操场上取得胜利，但是大英帝国却会在此消亡。现代世界需要不同类型的人才，他们应具有更富想象力的同情心、更富理智的灵活性，他们更多怀疑匹夫之勇，更加坚信科学知识。未来的执政者应该是自由公民的公仆，而非至高无上、为人所仰慕的仁慈君主。植根于英国高等教育中的贵族传统是其祸根所在。这种传统可能会被逐渐消除，旧式教育机构也可能会逐渐无法适应新形势。关于这点，我不敢贸然直言。

美国的公立学校成功地完成了一项史无前例的巨大事业，那就是将不同种族的人转化为统一的民族。这项事业干得十分巧妙，而且总体来说是非常有益的，完成这项事业的人因此而受到嘉奖。但是美国同日本一样，正处于一种特殊的境地，而在特殊境遇中被证实的事情未必在其他地方行得通。美国有其特有的优势，也有其特有的困难。这些特有的优势是：国力雄厚、远离战争、受到中世纪传统束缚较少。去到美国的移民都认为那里民主氛围浓厚，并且工业技术先进。我想，这就是几乎所有移居美国的人都更爱慕美国而非故国的两大主要原因。但一般来说，移民通常有着双重的爱国之心；在欧洲各国的纷争中，他们依然深情地站在他们原来祖国这边。但与此相反的是，他们的孩子对于父母的祖国毫无忠诚之情，他们已完全被同化为纯粹的美国人了。父母的这种态度可归因于美国的基本优点，而他们孩子的态度则主要受学校教育的影响。与我们话题有关的，仅限于学校教育这方面的做法。

至于美国真正的长处，就是其学校无须通过虚假规范的反复灌输来进行爱国主义教育。但是碰到旧世界超过新世界的地方，他们认为向学生灌输对旧世界优点保持鄙夷的思想是必要的。总体来说，西欧的知识水平和东欧的艺术水平都要高于美国。除了西班牙和葡萄牙，整个西欧的宗教迷信程度都比美国要低。在几乎所有欧洲国家，个人受制于群体的现象都比美国要少，而且它们即使政治上的自由比较少，但精神上的自由也比较多。在这些方面，美国公立学校的做法确实十分有害。这种做法本质上会带来一种排外的爱国主义。这种做法如日本和耶稣会一样，都是把学生当作实现目标的工具，而非目标本身。教师应当爱学生超过爱国家和爱教会，否则他便不是一个理想的教师。

当我说学生应被视作目标本身而非工具时，我可能会遭到这样的驳斥，即人作为工具毕竟比作为目标更为重要些。当人作为目标存在时，当他死去，目标便不复存在；但是当人被作为工具存在时，即使他死去，他所创造的结果也会永存。虽然我不能否认这种做法，但是我们可以否定由此产生的推论。作为工具时，一个人所干的事可能好、可能坏；人类行为的间接影响是如此难以确定，智者一般不对此类影响进行推测。一般来说，好人会有好报，坏人会有坏报。当然，这并非是一成不变的自然规律。比如，一个坏人也许会谋杀一个暴君，因为他犯下了暴君所要惩治的罪；他的行为效果或许是好的，尽管他行为本身是坏的。然而，普遍的规律依然是，一个由品格优良者组成的社会比由愚昧恶毒者所组成的社会具有更好的效果。暂且抛开这些思考，儿童和年轻人能够凭直觉区别出谁真心对他们好，而谁又是把他们仅仅当作达到某些目的的工具。当教师缺少爱时，孩子们的品格和才智都不会得到充分且自由地发展，而这种爱的根本要素就是把孩子们作为目标本身。我们对于自身都会有这样一种感觉：我们是为了自己而渴望美好事物，而不是为了某些伟大目标的实现。每个平凡有爱的父母都会对自己的子女有着相同的感情。父母希望孩子们能够长大成人、能够健康强壮、能够表现优异等，他们就像为了自己而去渴望这些事情；他们在做这些事的时候根本无须费力地努力克己，也从不考虑是否公道。父母的这种天性并非总仅限于自己的孩子。凡是要做一个好老师的人都应具有这种天性，尽管形式是多样化的。随着儿童年龄的逐渐增长，这种天性的重要性将逐渐减少。但是只有具备这种天性的人，才可被信赖去制订教育计划。若认为男子教育目的之一是为了无谓的小事而去杀人或赴死，那么这种教育的倡导者一定缺乏博大的父母爱心；然而，除了丹麦和中国之外，正是这种人在掌控着所有文明国家的教育。

但是，对于教育者来说，仅仅爱护孩子是不够的，他们还应该对人类的优点具有正确的观念。母猫教它们的孩子捉老鼠和耍老鼠，有些人对年轻人也是如此。猫爱小猫，但不爱老鼠；有些人爱他们自己的孩子，但是不爱敌人的孩子。即使那些博爱全人类的人也会因为对美好生活的错误理解而做错事。因此，在深入讨论该问题之前，我将首先阐明一下我对人类优点的看法，但是我将暂时尽力避开现实，也将不涉及产生这些优点所需要的教育方法。当我们讨论教育细节时，这方面的认识将对我们有所帮助，我们将会知道我们前进的方向。

首先我们必须明确：一些品格只宜为部分特定人群拥有，而另一些品格则应被所有人拥有。我们需要艺术家，但也需要科学家；我们需要伟大的执政官员，但也需要农夫、磨坊主和面包师。能造就伟人的那些特定品格如果被普遍化，反而不是人们所愿意见到的。雪莱对一个诗人的日常工作描写如下：

> 他从早到晚眺望
>
> 湖面映射着阳光
>
> 黄蜂花丛采蜜忙
>
> 心却未在这景象

诗人具有这种习惯是值得称赞的，但对其他人来说，比如邮差，那就不可取了。因此，我们不能以培养每个人的诗人气质为目的来构建我们的教育。但有些品格是应当普遍具有的，现在我将所要探讨的正是这些品格。

我不对男女的优点加以区分。对于将要照顾婴儿的女人来说，一定程度的职业训练是必要的，但是这种区别正如农夫和磨坊主之间的区别。二者彼此并无根本不同，因此目前不对其进行讨论。

在我看来，以下四种品质结合起来便可构成理想品格的根基：活力、勇敢、敏感和理智。我不是说这几种特征就已足够，但我认为它们能带我们去往正确的方向。而且，我坚定地认为，只要在身体上、情感上和智力上给予年轻人恰当的关怀，这些品质均可普遍形成。现在我将对此依次讨论。

活力与其说是一种精神特征，不如说是一种生理特征：健康状态极佳的人大概总是活力四射，但是随着年龄的增长，这种活力会逐渐减退，到老年时便完全消失；生机勃勃的儿童，其活力在学龄前迅速到达顶点，而后因为教育逐渐消退。只要有活力，人们便会感受到生机的乐趣，并不需要任何专门的愉快情境。活力能够增强快乐，减少痛苦。活力使人易于对周边发生的任何事情产生兴趣，因此有助于增加人们的客观性，而这正是成为明智之人的要素。人类总是热衷于与自身利益相关的事情，对于事不关己的事情则熟视无睹。这是人类的巨大不幸，因为它轻则引起烦恼，重则导致抑郁；它也会阻碍人们成才，只有极个别的例外。活力会增加人们对外部世界的兴趣，也会增强人们进行艰苦工作的力量。而且，它也能防止人们陷入嫉妒，因为它能使人们的个人生活变得愉快。由于嫉妒是人类痛苦的主要根源之一，所以活力的存在就显得格外重要。当然，许多坏品质可与活力并存，比如，一个健壮老虎的性格。同时，许多好品质缺少活力的作陪，比如，牛顿和洛克就几乎与活力无缘。可是，这两人均易怒易妒，如果他们拥有较为健康的身体，恐怕不会如此。牛顿与莱布尼茨的争论使英国数学停步百年之久，但如果牛顿身体强健，能够享受常人的欢乐，这种局面或许可以避免。因此，活力虽有局限性，我仍认为其是人人都应拥有的重要品质之一。

勇敢——第二种品质——有多种形式，而且每种都十分复杂。没有恐惧是一回事，能控制恐惧又是另一回事。当恐惧合理时，没有恐惧是一回事；而当恐惧不合理时，没有恐惧又是另一回事。没有不合理的恐惧显然是好的，能控制恐惧也是对的。但是没有不合理的恐惧则是一个有待讨论的问题。然而，现在我要先讨论一下勇敢的其他形式，再来探讨这个问题。

　　不合理的恐惧在多数人本能的情感生活中占有相当重要的地位。不合理的恐惧的病理形式有迫害狂、焦虑症等，这些通常由精神医生来进行治疗。而那些较为轻微的表现形式在被视为精神健康的人身上也存在。其实这或许是一种很普遍的现象，我们总是感到危险无处不在，更确切地说是"焦虑"，或者对并不危险的事情，比如老鼠或蜘蛛感到特别害怕。① 过去人们认为许多恐惧出自本能，但现在这种观点已受到多数研究者的质疑。显然，我们确实拥有一些出自本能的恐惧，比如对巨大声响的恐惧，但是绝大多数恐惧要么来自经历，要么来自联想。例如，对黑暗的恐惧，就完全是来自联想。有理由认为，脊椎动物对其天敌并不具有本能的恐惧，它们的恐惧是从长辈那里习得的。当这些动物由人类喂养长大，它们中常有的恐惧就并不存在。但是恐惧具有极强的感染力，儿童能够从长辈那里感受到恐惧，即使这些长辈并未意识到自己有所表现。母亲或保姆的胆怯总是会被孩子通过联想所迅速效仿。时至今日，男人也还以女人时常充满不合理的恐惧为趣事，因为这会给他们展现男子气概的机会，而又无须承担任何真正的危险。但是这些人的儿子却总是从母亲那里感染恐惧心理，以致后来经过训练方能重拾勇气，但是如果他们的父亲不曾蔑视他们的母亲，那么他们的勇气是本不会丧失的。令女人处于从属地位而造成的危害是不可低估的，恐惧只是其中一个偶然的例证。

　　现在我暂不讨论消除恐惧与焦虑的方法，这是我后面才要谈及的问题。然而，现在有这样一个问题：我们应当满足于抑制恐惧，还是必须找到能够根治恐惧的方法？传统的做法是，贵族阶级经受训练以不露惧

---

　　① 关于儿童的恐惧与不安，可参阅威廉·斯滕所著的《幼儿心理学》第 34 章（乔治·艾伦—昂温出版公司 1942 年版）。

色，而从属的民族、阶级和男女则被鼓励怯懦。对于勇气的检验只限于行为：一个男人绝不可在战斗中退缩，他必须擅长"男人"的运动，他必须在遇到火灾、沉船、地震等事件时镇定自若。他不仅需要做出正确的决策，还要面不改色、不发抖、不喘气、不显露任何惧色。所有这些在我看来十分重要：我希望看到各民族、各阶级以及所有男女都能被培养以勇气。但是，如果采取的培养方法是抑制性的，就会产生这种方法固有的弊端。羞愧和耻辱一直是产生表面勇敢的武器。但实际上，它们只是引发了多种恐惧，其中担心公众谴责这一恐惧较为有力。"除非遇到让你害怕的事情，否则要永远讲真话"是我儿时受到的教诲。但我并不认可这种例外。恐惧不仅应在行动上被克服，在感觉上也应被克服；不仅应在有意识的感觉上被克服，也应在无意识的感觉上被克服。那种令贵族信条得到满足的、完全表面上的对恐惧的征服，只不过是把此种冲动转为地下活动，它将产生有害的扭曲反应，而这反应不会被视作恐惧的产物。我所指的不是"炮弹休克"，因为那与恐惧的关系显而易见。我指的是统治阶级为了维持自身权势从而实施的压制残暴制度。最近在上海，一个英国官员未进行警告便下令从背后枪击手无寸铁的中国学生。他的行为显然为恐惧所驱使，就像一个在战场上临阵脱逃的士兵。但是好战的贵族知识贫乏，未能发现这些行为的心理源头，他们只是认为这是坚定和良好风范的体现。

从心理学和生理学的角度而言，恐惧和暴怒是两种极为相似的情绪，暴怒的人缺少最大的勇气。在镇压黑人造反和其他对贵族形成威胁的行动中所表现出的残暴，只不过是一种变相的怯懦，应像那些较为明显的怯懦表现一样受到鄙视。我相信，教育普通男女，使他们无忧无虑地生活，是可能的。但时至今日，只有少数英雄和圣人才能过上这样的生活；但是英雄圣贤能做到的，普通人也能做到，只要告诉他们方法即可。

对于不因抑制而产生的勇气，必须结合多种因素方能养成。首先从最基本的说起：健康和活力是非常有益的，尽管并非不可或缺。应付险情的经验和技术也是十分有用的。但当我们撇开这方面或那方面的勇气，只谈普遍的勇气时，便需要某种更为基本的要素了。这种要素便是自尊与非个人的人生观的结合体。首先是自尊：有些人靠内因而活，而有些人靠外力而活——后者将不可能拥有真正的勇气：他们必须时时依靠他人的赞许，并且时刻担忧会失去这些赞许。关于"谦卑"的教诲在过去一直被认为有益，其实它只不过是产生同样弊端的变态手段。"谦卑"压抑自尊，但不能压抑被他人尊敬的欲望，它不过是以表面上的自贬去获取名誉罢了。因此，"谦卑"能产生伪善和扭曲的本性。孩童被训以无条件服从，当他们长大时，也会如法炮制；据说，只有学会服从的人才能学会如何指挥。而我认为，任何人都不应该学习服从，也不应该学习指挥。当然，我不是说在须齐心协力的事业中不应该有领导者，但是领导者的权威应如同足球队队长的权威，大家自愿服从，以实现共同的目的。我们的目标应该是我们自己的，而非外界强加给我们的，而我们的目标也不应该强加于别人。任何人都不应该学习服从，也不应该学习指挥，便是此意。

想要获得最高的勇气，还需要一样东西，那就是我刚刚所说的非个人的人生观。将希望和恐惧都集中在自己身上的人，难以冷静地看待死亡，因为死亡会毁灭他的整个精神世界。这里我们又要遇到一个主张抑制的简便易行的传统做法：圣人必须学会自我否定，必须折磨肉体、摒弃本能的欢乐。这是可以做到的，但是效果不佳。这些禁欲苦行的圣人在戒除自身享乐的同时，也叫他人禁欲，后者甚至更易做到。嫉妒心在暗中作祟，使得他们认为痛苦能使人变得高尚，因此施加痛苦是高尚的。价值观由此完全颠覆：凡是善的被认为是恶，凡是恶的却又被认为是善。所有这些错误的根源是，过去总是通过遵守消极的规定来追寻美好的人生，而不是通过扩大和发展自然欲望和本能。人性中有一些无须费力便能超越自己的东西。其中最普通的是爱，尤其是父母之爱，这种爱在某些人身上具有那种爱护全人类的广泛含义。还有一个是知识。我们无从推断伽利略是一个慈爱之人，但是他的生活目标并未因死亡而消逝。再一个是艺术，事实上，一个人对他自身以外任何东西产生兴趣都会使他的人生在一定程度上变得非个人化。基于这个看似荒谬的原因，一个拥有广泛且强烈兴趣爱好的人比那些仅关心自身的可怜患者，在面对死亡时会更加淡然。因此，极致的勇敢总是属于那些兴趣爱好广泛的人，这种人不是通过藐视自身，而是通过高度重视外部世界来意识到他的自我不过是世界的一小部分而已。除非拥有自由的天性和活跃的思维，否则以上情况很难发生。而一旦这两者得以结合，便可产生无论是酒色之徒还是苦行僧都无法拥有的深刻见解，这种见解会使人将死视为微不足道之事。这样一种勇气是积极的、本能的，而非消极的、抑制的。这种积极意义上的勇敢才是我所指的完美品格的成分之一。

敏感，是我们之前提到的第三种特征，其对单纯的勇气具有矫正意义。勇敢之举对于一个意识不到危险的人来说是容易的，但是这种勇气往往是愚莽的。对于任何依赖于无知或健忘的行为，我们都不会感到满意：极为丰富的知识与极为深刻的见解才是可取的要素。然而，认知方面归为智力范畴，此处我所用敏感一词则属于情感范畴。对于敏感一词的纯理论定义是，当许多刺激都能引发某人的情绪时，那么这人便是敏感的；但从这种意义上来说，这种特征未必可取。可取的敏感，是在情感反应上适度的敏感：一味强烈的情感并非我们所需。我所期待的敏感是指许多事物能正常地引起愉快或不愉快的感觉。何为正常，我将加以解释。多数婴儿长到五个月大的时候，开始由对食物和温暖之类的单纯快感，发展到对社会赞扬感到愉快。这种愉快感一旦产生，就会迅速发展；每个儿童都会喜欢赞扬、讨厌责备。希望受人赞扬会成为贯穿人们一生的主要动机之一。这种欲望对于人们行善事、止恶欲无疑很有价值。假若我们更明智地赞扬，这种欲望也许会更有价值。但是，如果最受赞扬的英雄还是那些杀人如麻的人，那么对于赞扬的追求便不能成为美好生活的充分条件。

理想型敏感的下一发展阶段是同情。有纯自然的同情：一个婴儿会因为兄弟姐妹哭泣而哭泣。我认为这是同情进一步发展的基础。所需要的两种扩展的同情是：第一，即使当受害者不是特别亲近的人，也会同情；第二，即使发生的苦难仅有耳闻而未身历时，也会同情。其中第二种扩大的同情主要取决于理智。描写得生动逼真的痛苦，像优秀小说里描写的那样，会引起同情；一组统计数字，也可能会使人动情。这种抽象同情的能力罕见且重要。当所爱之人深受癌症折磨，几乎谁都会深感悲痛。当在医院里看到素不相识的病人被疾病所缠，大多数人也会有所触动。然而当人们读到癌症的死亡率之高时，他们通常只是害怕自己或他们所爱的人会患上这种病。战争也是如此：当他们的儿子或兄弟在战场上伤亡时，他们才会感到战争的可怕，而上百万人的伤亡并不会使他们感到上百万倍的可怕。某人在所有的人际交往中都表现出和善，但他的收入可能来自鼓吹战争或压榨"落后"国家的儿童。所有这类司空见惯的现象都是因为，对大部分人来说，抽象的刺激不能引起同情。这一点若能补救，那么现代世界的大多数罪恶都能消除。科学已经极大地加强了我们影响遥远国度人民生活的力量，但并未增强我们对他们的同情。假定你是上海某纱厂的一个股东，你可能是一个只关注金融消息的大忙人；除了你的红利，上海和棉花都不能引起你的注意。然而你却成了导致无辜人民遭受屠杀的一分子，因为如果不强迫那些儿童去做危险的苦役，你将无利可得。但是你并不在意，因为你不曾见过那些孩子，所以抽象的刺激并不能引发你的同情。为什么大规模的工业如此残酷，为什么对隶属民族的欺压会被容忍，这就是根本原因。能使人对抽象刺激产生同情性敏感的教育能够使此类事情灭迹。

认知性敏感也应纳入其中，但它实际上与观察习惯是一回事，因此和理智连在一起讨论更为自然。审美性敏感涉及诸多问题，我在此将不做讨论。我将进而转入我们所列的最后一种特征，即理智。

传统道德的主要缺点之一在于轻视理智。尽管古希腊人在这方面没有做错，但是教会却极力引导人们认为除了道德，一切都不重要，而所谓的道德就是禁做一系列的、被武断贴上"罪恶"标签的行为。只要这种态度继续存在，那么人们便不可能认为理智比人为规定的"道德"更有价值。我所说的理智包含实际的知识和对知识的理解力。实际上，这两者紧密联系。无知的成人难以教化，比如在诸如卫生或饮食之类的问题上，他们完全不相信科学的观念。一个人学得越多，就越容易多学——如果他未被灌输过教条主义精神的话。无知的人从未被迫去改变其心理习惯，他们已经形成僵化的态度。他们总是在该怀疑之处加以轻信，在该信任之处加以怀疑。毫无疑问，"智力"一词原本的含义与其说是指已经获得的知识，不如说是指求知的能力；但是我认为这种能力只有通过练习才能获得，就和一位钢琴家或杂技演员获取能力的方式一样。当然，只传授知识而不训练智力是可能的；不仅可能，而且是容易做且经常做的事。但是我不认为不通过传授认知就可以训练智力。缺少智力，我们复杂的现代世界将不复存在，更不会进步。因此，我将智力培养视为教育的主要目的之一。这似乎是老生常谈，其实不然。那种灌输所谓正确信念的愿望让教育家们太多地忽视了智力训练。为更明确这一点，我们需要将智力一词定义得更加精确，以便发现智力所需要的思维习惯。出于这个目的，我将只讨论求知的能力，而不讨论理应包括在智力定义范围之内的实际知识的积累。

　　智力生活的自然基础是好奇心，最简单的好奇心在动物身上也可发现。智力需要机敏的好奇心，但是这种好奇心必定属于某一种类型。乡下人喜欢趁着夜色透过窗帘窥探别人的隐私，这种好奇心没有什么价值。对于流言蜚语的普遍兴趣不是基于对知识的热爱，而是源于不良的动机：没有人会议论别人隐藏的美德，只会议论别人隐藏的恶行。因此，大部分流言都不属实，但又无人在意其中的是非曲直并加以澄清。旁人的罪恶就像宗教的慰藉一般，如此令人愉悦，所以我们不会停步去仔细考察证据。从另一角度而言，所谓正当的好奇心源于真正的求知欲。比如，一只猫被带进一个奇怪的房间，它嗅了嗅房间每个角落和每件家具，这就是正当且纯粹的好奇心。你也会在儿童身上看到这样的好奇心，当常被关着的抽屉或橱柜被打开给儿童看时，他们会表现出极大的兴趣。动物、机器、雷雨以及各种手工劳动都能引起儿童的好奇心，这种对知识的渴望能使最具才智的成年人感到惭愧。随着年龄的增长，这种好奇心逐渐减退，到最后，对一切生疏的事物只剩厌倦，而没有深入认识的欲望。到了这个阶段，人们就会说这个国家要完蛋了，或者说"一切都不是我年轻时的样子了"。其实与当年不一样的是这个说话者的好奇心。我们也许可以说，好奇心一旦死去，活跃的智力也随之消失了。

虽然过了儿童期，好奇心会在强度和广度上减少，但是在质量上也许会长期不断进步。较之对特殊事物的好奇心，对于一般事物的好奇心能表现出更高的智力水平；总的来说，事物的一般性越强，所需的智力水平越高（然而，这一规则经不起太严谨的推敲）。与诸如获得食物机会有关的好奇心相比，与个人利益无关的好奇心显示出更高的发展水平。一只在新屋里乱嗅的猫不算是一个公正无私的科学调查者，它可能只是想查明周围是否有老鼠。说无私的好奇心是最好的，或许并不准确，倒不如说当好奇心与其他利益关系并不直接挂钩，只能通过一定的智力才能发现时，这种好奇心最为可取。然而，我们现在对此无须做出定论。

好奇心若要取得成果，需要与求知的方法相结合。必须有观察的习惯，相信知识、耐心和勤勉。如果拥有纯正的好奇心和恰当的智力教育，以上种种都会得到自然发展。但由于我们的智力生活只是我们活动的一部分，由于好奇心时常与别的情感发生冲突，所以还需要某些精神上的美德，比如虚心。由于习惯和欲望的约束，我们难以接受新的真理；我们难以否定多年以来我们一直深信的东西，也难以怀疑能满足自尊心或其他基本欲望的东西。因此，虚心应成为教育所要培养的品质之一。然而目前，这仅在极有限的范围内得以实施，正如1925年7月31日《每日先驱报》中的一段文字所述：

> 有人指责布特尔学校的教师毒害儿童思想，为调查此事而设立的特别委员会已向布特尔市议会呈报其调查结果。该委员会认为各

项指责均属实，但市议会却将"属实"一词删掉，只宣称"各项指责有适当检查之必要"。由该委员会提出并经市议会采纳的建议是，今后聘任的教师必须训练学生养成尊崇上帝、宗教及本地行政和宗教机构的习惯。

由此看来，不管其他地方情形如何，布特尔市是缺少虚心的。希望布特尔市议会尽快派代表团去田纳西州代顿市，这样可以在实施上述建议前得到更为深刻的启示。但此举也许并不需要。从该项建议的言辞间可以看出，布特尔市似乎无须再接受蒙昧主义教育了。

勇气对于肉体上的英雄主义和知识上的正直坦诚同样重要。我们对世界的了解要远比我们自认为的少得多；从出生的那一天起，我们就开始践行未必可靠的归纳推理，并将我们的思维习惯与外部世界法则加以混淆。一切种类的思想体系，都像孤儿院一样，通过提供安全来作为奴役的回报。自由的精神生活不能像包在信条中生活那样温暖舒适和令人欢喜；当严冬的风暴在外咆哮肆虐，只有信条才能使人感受到室内的安逸舒心。

这就使我们遇到了一个有点棘手的问题：美好的生活应从约束中解脱出来，那么达到何种程度为宜呢？我有点犹豫采用"约束的本能"一词，因为对于该词的正确性存在争议。但是，无论做何解释，该词描绘的现象都是我们所熟知的。我们都希望和那些我们必须与之合作的群体——我们的家庭、邻居、同事、政党、国家——保持良好的关系。这是很自然的，因为如果没有合作，我们便不能获得生活的乐趣。而且，情绪是会传染的，特别是当许多人同时具有同种情感时。在群情激昂的集会上，只有极少数人无动于衷；如果他们是反对派，他们的异议也会成为兴奋点。而且对多数人来说，他们只有自信能获得另一集团人的支持时，这样的反对才会成为可能。这就是为何"圣徒同心会"能向被迫害者提供慰藉的原因。我们应当默认这种与群体合作的欲望，还是应当通过教育削弱这种欲望呢？两种做法都有道理，正确的答案应是在两方之间找到一个合适的比例，而不是一味地支持其中一方。

我个人认为，取悦他人和与人合作的欲望应该强烈且正当，但是在某些重要时刻，也应该能被其他欲望所克服。取悦他人的欲望的合理性在有关敏感那一部分已有讨论。若缺乏这种欲望，我们都将变成恶棍，包括家庭在内的所有社会组织将全无存在的可能。年幼的儿童如果不愿得到父母的好评，那么对他们的教育将会变得十分困难。若是由智者向愚者传染的话，情感的感染性也有其益处。然而毋庸置疑，在恐惧和愤怒中，感染带来的作用恰恰相反。因此，情感的感受性并不是一个简单的问题，甚至在纯智力方面也不明确。凡是伟大的发明家都不得不反抗束缚，并因他们的独立思考而招敌视。但普通人正是由于未独立思考，才变得明智许多：至少在科学方面，他们对权威的尊重大体上是有益的。

我认为在普通人的生活中，大部分领域应由被统称为"约束的天性"的东西来支配，只有小部分领域除外。这小部分领域应包含人们的特殊能力。我们认为，如果一个男子只在所有人都赞美一位女子时，才爱慕这位女子，那么这个男子真是病了。一个男子在选择配偶时，应该以自己独立的情感为指导，而不是被周边人意见所左右。若一个人对普通人的评价都依附于周边人的意见，尚无大碍，但是他在爱情一事上应以自己的独立情感为指导。这也适用于其他事情：一个农夫应该自己判断所种农田的粮食产量，尽管他的判断应基于获得的科学农业知识；一个经济学家对于通货问题应该有自己的独立见解，虽然普通人最好还是尊重权威的意见。凡有专长的地方，便应有独立的见解。但是一个人也不应将自己变成刺猬，利刺倒竖，拒绝他人意见。我们的日常活动大多需要与人合作，而合作就必须有自然的基础。尽管如此，我们还是应当学会独立思考我们特别熟知的东西。我们也应具备勇气去发表并不合群的意见，如果我们认为这些意见很重要的话。当然，在特殊场合践行这些原则也许有困难。但是，如果人们普遍具有我们在本章中所讲的那些美德，困难将会比现在少许多。比如，在这样的社会里，圣徒将不会遭受迫害；正常人将不会怒不可遏或扭扭捏捏，他的美德将源于其自身的冲动，并将与本能的欢乐融为一体。周围的人不会恨他，因为他们不会怕他；人们之所以痛恨某些先驱是因为他们激起了恐惧，而这种恐惧在人人都已获得勇气的社会里将不会存在。只有充满恐惧的人才会加入三K党或法西斯党。在勇敢者的社会里，此类实行迫害的组织将不复存在，和美好生活相关的本能抵抗也会比现在少得多。美好的世界唯有无畏的人们才能建立和维持，而世界越美好，需要勇敢的机会就越少。

　　一个由因教育而拥有高度活力、勇气、敏感和理智的男女所组成的社会，将与迄今存在的一切社会都截然不同。不愉快的人将屈指可数。现在人们感到不愉快的主要原因是：疾病、贫穷和不能令人满足的性生活。所有这些原因将会在未来社会基本消除。健康几乎可以普及，甚至寿命也可以延长。自工业革命以来，贫穷仅起因于群体的愚昧。敏感将使人们希望消灭贫困，理智则给人指明方向，而勇气则促使人们采取行动（一个怯懦的人宁可忍受痛苦的现状，也不愿有任何离经叛道的举动）。现在，大多数人对自己的性生活都或多或少地感到不满足。这部分是由于教育不良，部分是由于当局和格伦迪太太的压迫。若有一代未曾受过不合理的性恐惧教育长大的女子出现，这种状况就会很快结束。恐惧一直被认为是女子保持"贞洁"的唯一途径，于是人们故意教育她们成为肉体和精神上的双重怯懦者。爱情被束缚的女人会助长丈夫的虚伪和残酷，并扭曲其子女的天性。然而一代勇敢无畏的女性通过给世界带来一代勇敢无畏的儿童便能改变这个世界，这些儿童不仅未被扭曲天性，而且直率、坦诚、慷慨、博爱和自由。他们的热情会扫除我们因懒惰、懦弱、冷漠和愚蠢而忍受着的残暴和痛苦。是教育让我们感染了以上恶习，但也只有教育能让我们获得与之相反的美德。教育是打开新世界的钥匙。

教育的一般性原则先谈到这里，下面我们开始讨论能够体现我们理想的具体细节。

第二部分
品格教育

第三章　一岁

人生的第一年在过去通常被认为是在教育范围之外。婴儿至少在学会说话之前，由母亲或保姆全权照顾，因为人们认为她们本能地懂得什么东西对孩子有益。但实际上，她们并不知道。大量儿童在出生的头一年夭折，活下来的也有许多健康损伤。不当的照顾也为后来恶劣的心理习惯打下了基础。所有这些只是在最近才被人们认识。科学进入育儿所往往遭人痛恨，因为它会打扰母亲和孩子之间的依依相偎。但是感伤与爱不能共存；爱子女的父母都希望自己的孩子能活下去，为达此目的，父母情愿使用科学。因此，我们发现，这种情感只有在无儿无女的人或像卢梭那样宁愿将子女送进育婴堂的人身上才最为强烈。多数受过教育的父母希望得到科学的指导，未受过教育的父母也会向孕妇资讯中心请教。其成效是婴儿死亡率锐减。因此，我们有理由相信，只要有恰当的照护和技术，夭折的孩子数量将会变得极少。不仅夭折的孩子数量少，生存下来的孩子也必定身心更加健康。

严格地说，身体健康的问题不在本书讨论的范围之内，应由医务人员考虑指导。我将只涉及与心理有关的健康问题。但是肉体和精神在人生的头一年很难区分。而且，在照护婴儿时所犯下的单纯生理学上的错误，将会在数年之后妨碍教育者的工作。因此，我们不能完全避免涉及

本不属于我们的领域。

新生婴儿有反射和本能,但没有习惯。无论新生儿在子宫里获得了什么习惯,在新环境里都毫无用处,有时甚至连呼吸都需要重新学习,而一些婴儿会因为学得不够快而夭折。有一种本能发展得十分完善,那就是吸吮的本能:当婴儿吸吮时,他们对于新环境会感到很安心,但其他醒着的时光都是在迷糊纷乱的状态中度过的,而他们摆脱困境的办法就是将 24 小时中的大部分时间都用于睡眠。两周后,所有这一切就会改变。婴儿已从反复发生的经历中学会了期待。他们成了保守主义者——或许较之后任何时候都更为保守。他们对任何新奇的事物都感到憎恶。如果他们能说话,他们会说:"你以为我会在活着的时候改变我一生的习惯吗?"婴儿养成习惯的迅速性令人惊讶。他们所养成的每个坏习惯都会阻碍日后好习惯的养成;人生初期养成的习惯十分重要,原因就在于此。如果最初养成的习惯是好的,那么日后将会免除无穷的麻烦。而且,最初养成的习惯在日后的生活中就如同本能,都会根深蒂固。后来养成的与之相反的习惯不会具有同样的力量;因此,人生初期的习惯应当引起人们的极大重视。

当我们考虑婴儿期的习惯养成时,有两点需要考虑。第一点,而且是最主要的一点,是健康;第二点,是品格。我们希望孩子将来成长为受人喜爱,并能够成功处理生活事务的人。值得庆幸的是,健康和品格方向一致:对一方有利的,对另一方也有利。在本书中,我们主要讨论品格,但是健康也需要同样的训练。因此,我们不会面对要么是强健的恶棍,要么是孱弱的圣贤这样两难的选择。

现在每个受过教育的母亲都知道诸如喂食要定时,而不是孩子一哭闹就喂他这样的简单道理。之所以采用这种喂饭法,是因为这有助于儿童消化，这是一个十分充分的理由。然而从道德教育的角度出发，这一方法也是可取的。幼儿要远比成人所想的狡猾；如果他们发现哭闹能带来愉快的结果，他们就会哭闹。长大以后，当抱怨的习惯使他们招人厌恶而不是招人喜欢时，他们会感到惊讶和怨愤，此时的世界在他们看来是冷酷无情的。然而，如果他们中的女孩长成了迷人少女，当她们撒娇抱怨时依然会招人喜爱，于是儿时养成的坏习惯将会得到巩固。富人也是如此。如果在婴儿期教养不当，那么孩子们长大后必将视其能力或怨天尤人，或贪得无厌。开始必要的道德教育的正确时刻是在出生那一刻起，因为那时开始可以避免沮丧的期望。而在此之后的任何时刻，道德教育都会与已形成的相反习惯做斗争，这自然会引起极大的怨恨。

因此，在对待婴儿时，需要在忽视和溺爱之间找到一个巧妙的平衡点。凡健康所需的一切事情都必须去做。当婴儿遭受风寒时，必须将他抱起以保证干燥温暖。但是，如果缺乏合理的生理上的原因，孩子哭闹，就应任其哭闹，否则，他很快就会变得任性蛮横。照护孩子时，不应过分娇惯，即该做的事情必须要做，但是不应该表露过多的同情。任何时候都不能把孩子看作比哈巴狗更为有趣的玩物，从一开始就应该把孩子视作潜在的成人。在成人身上无法令人容忍的习惯放在孩子身上可能会显得颇为有趣。当然，孩子也不可能真正地拥有成人的习惯，但是我们应该避免去做有碍这些习惯养成的一切事情。最重要的是，我们不应使孩子产生自视甚高的感觉，因为这会与之后的经历抵触，并且绝不会与事实相符。

教育婴儿的困难主要在于父母必须找到一种巧妙的平衡。必须时刻留意并承受许多辛苦才能保证婴儿的健康；除非具有强烈的爱子之心，否则这些品质很难达到必需的程度。但具有这种爱心的人，又极易缺乏理智。对于慈爱的父母，孩子是无比重要的。父母如不留意，孩子便会觉察到这一点，他对自己重要性的判断同父母一样。但在以后的生活中，社会中的人不会那样宠他，他会失望地发现自己并不是人类世界的中心。因此，不仅在一岁前，在之后也是一样，父母对于孩子的一般疾病应采取泰然自若和实事求是的态度。在过去，婴儿既受约束又受溺爱；他们的四肢得不到自由，衣服穿得太多，他们的本能活动很受限制，但是他们也受人疼爱，听人唱歌，被人晃动和摇摆。这种做法十分错误，因为这会把儿童变成无能的寄生物。正确的做法是：鼓励本能的活动，但是阻止他们要求别人。不要让孩子看出你为他做了多少事，或吃了多少苦。要尽可能地让孩子尝到通过自身努力——而不是通过对成人发号施令——而取得成功的喜悦。我们在现代教育上的目标是将外部的约束减至最低程度。但是这需要孩子内在的自制力，较之其他任何时候，这种自制力在一岁前更易获得。比如：当你想让孩子入睡时，不要把孩子放在婴儿车里推来推去，或抱在怀里，或放在他能看见你的地方。如果你这样做了一次，孩子就会要求你做第二次；很快，让孩子入睡就会变成一件极困难的事。那么该怎样做呢？应该让孩子保持温暖、干燥、舒服，坚决地把孩子放下，并在轻声说上几句话后，就任他独自待着。孩子也许会哭上几分钟，但除非有病痛，他很快就会停止。那时你再回去看，你就会发现，孩子已迅速进入睡眠。这种做法较之爱抚和迁就，孩子会睡得更沉。

正如我们之前所说过的那样，新生儿没有习惯，只有反射和本能。这使得孩子的世界不是由"物体"构成的。重复的经历为认识所必需，而必须先有认识，才会产生"物体"的概念。新生儿对床的触觉、对母亲的乳房（或奶瓶）的触觉和嗅觉，以及对母亲或保姆的声音很快就会熟悉。而对母亲或床的外观要稍迟才能区分，因为新生儿不知如何聚焦视力来看清形状。只有逐渐地通过联想而形成习惯，触觉、视觉、嗅觉、听觉才会合为一体，形成对物体的一般概念，这种概念的显现会导致对下一次的期待。但即使在这个时候，婴儿也暂时难以感觉出人与物的不同——半由母乳、半由奶瓶喂养的婴儿会在一段时间内对母亲和奶瓶有同样的感觉。在这段时间里，教育必须采取纯物质的手段。婴儿的快乐是物质上的——主要是食物和温暖——他们的痛苦也是物质上的。婴儿的行为习惯是通过寻求与快乐有关的东西、避开与痛苦有关的东西而养成的。孩子哭泣有时是一种痛苦的反应，有时是一种为了追求快乐的手段。当然，最初的哭泣都是因为前一个原因。但由于孩子可能遭受的任何真正的痛苦，都会被家长尽可能地消除，因此，哭泣开始与愉快的结果相联系。因此，孩子很快就会因为快乐，并非身体痛苦而哭闹；这是孩子运用智力的最初成就之一。但是不论他们如何努力，他们不可能发出像真有痛苦时那种哭泣。母亲侧耳细听，便可听出区别，而且如果她足够聪明，她便会无视这种不是因为身体痛苦而发出的哭泣。以抱着孩子晃悠和对孩子哼歌的方式来哄孩子，既简单又惬意。但是孩子会以惊人的速度学会越来越多地要求这类娱乐，这很快就会妨碍必要的睡眠——而婴儿除进食外，睡眠应占去其全天几乎所有时间。这些做法似乎有点残酷，但是经验表明，这有助于孩子的健康和幸福。

成人所能提供的娱乐虽然应有一定的限制，但是婴儿的自娱活动应该极力提倡。从最早期开始，婴儿就应有机会去踢腿和活动肌肉。我们的祖先何以能如此长期地坚持使用束缚婴儿的襁褓，现在看来几乎不可思议；但这也说明，即使是深爱孩子的父母，也难以克服懒惰，因为四肢自由的婴儿需要更多的关注。婴儿一旦有了能聚焦的视力，看见活动的物体时便会感到快乐，尤其是看到在风中摇摆的物体时。但是，婴儿的娱乐活动只有当他学会用手抓住看到的物体时才会增多。那时，开心的事情便会迅速增多。在一段时间内，抓握的练习足以保证婴儿在清醒的时间内有数小时的欢乐。对响声的兴趣也在这一时期发生。对脚趾和手指的征服要更早一点。起初，脚趾的运动纯粹是反射性的；后来婴儿发现脚趾可以随意活动。这使婴儿感受到犹如帝国主义者征服他国的全部欢乐：脚趾不再是"异族"，而成了自我的一部分。从此以后，只要有适宜的东西放在他能摸到的地方，婴儿就能找到许多娱乐活动。儿童的大部分娱乐活动正是他的教育所需要的——当然，不能让他摔着，误吞针头，或做出其他伤害自己的行为。

总的来说，婴儿最初三个月的生活，除了享受进食的时刻外，还是有点沉闷的。舒服的时候，他们就睡觉；醒着的时候，往往不太舒服。人类的幸福取决于精神能力，但对三个月以内的婴儿来说，由于缺乏经验和肌肉控制力，他的这种能力几乎得不到发挥。幼小动物更早享受生活，因为它们更多依靠本能，更少依靠经验；但是婴儿依靠本能所能做的事情太少，他们无法感到快乐和有趣。总而言之，人生的头三个月相当乏味。但为了保证充足的睡眠，这种乏味倒也必要；如果做许多事情逗孩子玩，那么孩子的睡眠就不够了。

大约在两三个月大的时候，孩子学会微笑，并对人产生有别于物的感情。在这个阶段，母亲和孩子之间的社会关系产生成为可能：孩子一见母亲能够也确实会表示出欢喜，并会发生不仅限于动物性的反应。很快，一种期望得到他人赞许的欲望便会产生：在我儿子身上，这种欲望曾准确无误地首次出现在他五个月大的时候，当他经过多次努力，终于从桌子上拎起一个分量不轻的铃铛并用力摇动的时候，他环视四周每一个人，面带自豪的微笑。从这时起，教育者便拥有了一个新的武器，即表扬与责备。这个武器在整个儿童时代都非常有效，但使用时必须极为谨慎。在一岁前，一丁点责备都不应有，以后也应十分节制地使用。赞许的危害要小一些。但也不应过于轻易地赞许，以免失去赞许的价值，也不应使用到过分激励儿童的程度。当孩子第一次学会走路、第一次说出可理解的词汇时，没有父母会忍得住不表扬他们的孩子。一般来说，当孩子经过持续的努力战胜一个困难时，赞许是一个恰当的奖励。而且，让孩子感到你赞成他的学习愿望，也不失为明智之举。

　　然而，总的来说，婴儿的求知欲十分强烈，父母只需要给他们提供机会。给孩子提供一个发展的机会，其余的事，他们自己就会努力去做。其实，我们无须去教孩子怎样爬行、怎样走路，或怎样控制肌肉。当然，我们需要通过与孩子交谈来教他们如何说话，但是我怀疑煞费苦心地教说话是否真的有用。孩子的学习自有其步调，企图强迫他们是错误的行为。在人的一生中，战胜困难获得的成功感是刺激人们终身奋斗的巨大动力。困难不可大到令人灰心，也不可小到无法激发努力。从出生到死亡，这是一条基本原则。凡事我们必须亲自去做，才能学到东西。成年人需要做的就是给孩子演示一些他们愿意做的简单行为，比如摇拨浪鼓，而后再让孩子自己去摸索如何做。他人所能做的只是激起进取心，但其行为本身绝对不是一种教育。

　　常规和惯例在幼儿期至关重要，尤其是在一岁前。至于睡眠、饮食和排泄，一开始就应养成定时的习惯。而且，对环境的熟悉度在精神上也是非常重要的。这会教会孩子们辨认，避免过度紧张，并能让其产生安全感。我有时觉得，对于据称是科学假设之一的自然统一的信念，完全是源于对安全的渴望。我们能够应付预料之中的事情，但是一旦自然法则突然变更，我们便会灭亡了。婴儿因其弱小而有获得保障的必要，如果一切都能按照一成不变的法则发展，那么可以预料，孩子将更感幸福。在童年的后期，对冒险的渴望将会增强，但是在一岁前，任何不太寻常的事情都会引起恐慌。要尽量不让孩子感到害怕。如果孩子生病了，你也许会很焦虑，但是要非常小心地掩盖这份焦虑，以免通过细枝末节将这种情绪传染给孩子。要避免一切可能产生刺激的事情。不要让孩子看出你担心他不按时睡觉、吃饭或排泄，因为这会助长他的自大心理。这种做法不仅适用于人生的头一年，也适用于之后若干年。绝不可让孩子认为平日所必需的行动，如理应是件乐事的进餐，是你所渴望的事情，而你要他做，是为了博得你的欢心。如果你让他这么认为了，那么孩子很快就会明白他们又得到了一个新的权力，于是对那些本该自觉去做的事情，也指望被人用甜言蜜语哄着去做。切勿以为孩子缺乏领悟这种行为的智力。他们的权力很小，知识也很有限，但除此之外，他们的智力绝不在成人之下。孩子在头 12 个月中所学的东西，要比他们以后在同样长的时间里所学的东西都多，他们若没有活跃的智力，这是不可能办到的事情。

综上所述：即使对待婴儿，也要像对待即将在世上立足的人那样给予尊重。不要因为你当下的便利或养育孩子的乐趣而牺牲孩子的未来；而这同样有害。此事与其他事一样，只有将爱心与知识结合起来，才能不离正轨。

第四章　恐惧

在以下的章节中，我将讨论道德教育的各个方面，尤其是二至六岁的道德教育。当孩子年满六岁时，道德教育应该接近完成；也就是说，六岁之后所需要的其他美德，应当基于早期形成的良好习惯和早期激起的远大志向之上，由儿童自行发展而得。只有早期的道德训练被忽略或实施不当时，之后的岁月才需要大量的道德教育。

我现在假定年满一岁的孩子是健康快乐的，并且具有按照之前章节中所讨论的方法打下的良好性格训练基础。当然，即使父母采取目前一切已知的科学预防措施，总还会有一些不健康的孩子。但是我们也许可以期望，随着时间的推移，这类孩子的数量会大大减少。如果现有的知识被充分利用，那么现在这类孩子的数量也应该不多了。我不打算讲如何对待早期教育不良的孩子。这是教师的问题，而不是父母的问题；而这本书是专为父母所写。

孩子两岁时应当极其快乐。行走和说话都能带来自由感和力量感的新成就。在这两方面，孩子每天都能获得新成就。① 孩子能独立玩耍，并能比成人环游世界时的"开眼界"的感受更加生动活泼。鸟儿与花

---

① 这种说法也许并不完全准确。大多数孩子都有表面停滞的阶段，从而使缺乏经验的父母感到不安。但在这整个阶段，进步或许始终在采取各种不易察觉的方式进行。

儿，河流与大海，汽车、火车和轮船都能引起他们欢乐且浓厚的兴趣。好奇心没有止境——"我想去看看"是这个年纪最常说的话之一。受过小床和童车的束缚之后，在花园、田野或海滩上自由奔跑能够产生一种解放的狂喜。这个年龄段的孩子消化能力通常比一岁时强，所吃食物的种类增加，咀嚼也成为一种新的乐趣。基于此，如果孩子被照料得当而且身体健康，生活就会成为一场快乐的冒险。

但是随着走路和跑步越发自如，也容易产生新的胆怯。新生儿极易受到惊吓；华生博士夫妇发现，最令婴儿感到恐惧的东西莫过于巨大的声响和坠落感。[1] 然而，婴儿都受到悉心的保护，所以很少会有恐惧的时刻到来；即使真的遇到危险，他们也无能为力，所以恐惧对他们来说毫无意义。在两岁和三岁时，会产生新的恐惧。部分原因是出自联想，部分原因是出自本能，这个问题还有待讨论。恐惧在一岁时不存在的事实并不能得出恐惧不属于天性的结论，因为天性可能成熟在任何年龄。甚至最极端的弗洛伊德学派也不认为性本能生来就是成熟的。显然，能自己到处跑的儿童比不会走路的婴儿更需要恐惧；因此，恐惧的本能起源于需要这一说法便不足为奇了。这个问题在教育上具有重大意义。如果一切恐惧均产生于联想，那么只要不在孩子面前表现出恐惧或厌恶，即可预防恐惧；反之，如果有些恐惧属于本能，则需采取更为周密的办法。

查尔莫斯·米切尔博士在他的《动物的幼年时代》一书中提供了大量的观察和实验材料。它们表明，在幼小动物身上通常没有遗传性的恐惧本能。[2] 除了猴子和几种鸟类外，幼小动物看见天敌，比如蛇，没有

---

① 参阅《婴儿心理研究》，1921 年 12 月《科学月报》，第 506 页。

② 我是从保罗·鲍斯菲尔德博士所著的《性与文明》的引文中得知这段话的，他在书中也极力主张同样的观点。

丝毫的恐惧，除非它们的父母已教导它们要害怕这些动物。未满一周岁的儿童似乎从不害怕动物。华生博士曾用如下方法来教孩子怕老鼠，即当他让孩子看见老鼠的瞬间，立刻在孩子的脑后反复敲锣。由于锣声使孩子感到恐惧，于是通过联想，老鼠也变成了可怕的动物。但是在最初的几个月，孩子对动物没有丝毫本能的恐惧。凡是未被暗示黑暗可怕的孩子似乎也从不畏惧黑暗。因此，以下观点无疑具有极充分的依据，即我们通常认为属于本能的恐惧，其实大多是后天习得的，如果成人不加以渲染，它们本不会产生。

为得到说明这一问题的新线索，我曾对自己的孩子进行过仔细的观察；但由于我并不能总是知晓保姆和女仆可能对他们说过的话，因此对于事实的解释也往往是存疑的。就我所能断定的部分来说，华生博士有关生命第一年恐惧的观点是正确的。在第二年，它们仍未对动物表现出恐惧，只是其中一个孩子曾一度怕过马。但是，这一情况的产生显然是由于一匹马曾突然声音很大地从她身边奔驰而过。她目前仍不满两周岁，因此我之后的观察主要靠的是我的儿子。在他快满两周岁的时候，改由一个新保姆看护，这个新保姆生性胆小，尤其害怕黑暗。孩子很快就感染上了这种恐惧（这种情况我们一开始并不知情）：看见狗和猫就逃走，走到黑碗柜面前就害怕，天黑以后，房间各处都要照得通明，甚至第一次见到他妹妹时都感到害怕，显然以为她是一个奇怪的不明物种。① 所有这些恐惧可能都是从那个胆怯的保姆身上传染得来；事实上，在那位保姆离开后，孩子的恐惧就逐渐消失了。然而，还有一些恐惧不能以同样的方式说明，因为它们产生于保姆到来之前，并且所恐惧

---

① 我认为这种恐惧与害怕机械玩具（见下节）是一回事。他第一次看见她睡觉时，以为她是一个玩具娃娃；她一动弹把他吓了一跳。

的东西都是成人并不恐惧的。在这些恐惧之中，主要是对于各种突然移动的事物的恐惧，特别是影子和机械玩具。经过观察，我发现这种恐惧在儿童期是正常的，并且有充分的理由认定它们属于本能。威廉·斯滕在他所著的《幼儿心理学》第 494 页，"对神秘物的恐惧"这一章中讨论了这个问题。他写道：

> 这种恐惧的特殊意义，尤其是在幼儿期的特殊意义，并未引起旧派儿童心理学家的关注；不久前由我们和格罗斯确认。"对于不熟悉事物的恐惧似乎比对已知危险的恐惧更属于原始本性的一部分。"（格罗斯语，第 284 页）如果孩子遇到任何和他已有认知大相径庭的事物，有三种情况可能发生。其一，对所遇事物感觉十分生疏，以致当作异体而简单地拒绝接纳，并且有意识地不去注意。其二，通常的认知过程被打断，以至足以引起注意，但尚未严重到造成紊乱；这属于惊奇、求知欲，以及各种思想、判断和调查的萌芽。其三，新事物突然猛烈地冲击旧事物，熟悉的观念变得十分混乱，以致没有立即理顺思路的可能，从而引起伴有极大不快的震荡，即对神秘物（不可思议之物）的恐惧。格罗斯指出，这种对神秘物的恐惧显然也是以本能的恐惧为依据的；它与世代相传的生物学的必然性相适应。

斯滕举了许多例子，其中包括对突然张开的雨伞的恐惧和"对机械玩具的经常性的恐惧"。顺便说一下，前一种恐惧在马、牛身上体现得异常强烈：我曾亲眼见到一大群牛或马会因为突然张开的雨伞而受惊狂奔。我儿子的恐惧就属于这一类，和斯滕所描写的完全一样。使他感到恐惧的影子是那种模糊的迅速移动的影子，这种影子由路上经过的看不见的物体（如公共汽车）投映进房间。我用手指在墙壁和地板上弄出影子，并教他照我的样子做，以此方法来消除他的恐惧；不久之后，他就理解了影子的道理，并开始以欣赏影子为乐。这个原则也适用于机械玩具，当他看见里面的装置时，便不会再感到害怕了。但当孩子看不见里面的装置时，这个恐惧减少的过程就会变得比较缓慢。比如，有人送他一个坐垫，若坐在上面或用手按压，这个坐垫会发出一声长长的哀鸣。这坐垫在较长的一段时间内都会吓到他。但不管怎样，我们并未将这件可怕的东西拿走，只是把它放在了较远的地方，于是它只能产生微小的恐惧；我们还让孩子对这个坐垫逐渐熟悉起来，并一直坚持到孩子的恐惧感彻底消失为止。一般来说，最初引起恐惧的神秘性会随着恐惧的消失而产生快感。我认为，对于不合理的恐惧不应放任自流，而应通过熟悉它的表现而逐渐克服。

对于孩子完全缺乏的两种合理的恐惧，我们采取了恰好相反的处理方式，这种做法也许并不正确。一年之中我有半年的时间住在布满礁石的海滨，那里有许多悬崖峭壁。我儿子丝毫意识不到高处的危险，如果我们撒手不管，他也许会径直跑过悬崖，坠入海中。有一天，我们坐在一个陡峭的斜坡上，下面是数百英尺高的悬崖，我们心平气和地向他讲述一个科学事实，即如果他越过悬崖边，他就会掉下去，像盘子一样摔碎。（他不久前曾见过一个盘子掉到地上，摔得粉碎。）他静静地坐了一会儿，自言自语道"落下，摔碎"，接着便要求带他离悬崖边远一点。这大约是他两岁半时的事情。此后，只要我们看住他，他对高度的恐惧便能保证他的安全。但如果我们听之任之，他仍然会很鲁莽。他现在（三岁零九个月）能够毫不犹豫地从六英尺高的地方往下跳，如果我们不管他，他或许会从二十英尺高的地方往下跳。由此可见，启发式的教育方式并不会产生过分的结果。我认为这是由于教育，而非暗示的缘故；当我们进行这种教育时，我们都没有感到恐惧。我认为这在教育上是非常重要的。对危险的合理理解是必要的，而恐惧则大可不必。孩子若缺乏一定的恐惧要素便不会理解危险，而教育者若无恐惧，孩子的恐惧便会大大减少。负责照护孩子的成人绝不应感到恐惧。这就是为什么女子应像男子那样被培养以勇气。

　　第二个例子不如上面这个例子那样翔实。有一天，当我和我儿子（三岁零四个月大）散步时，我们在小路上发现了一条毒蛇。他曾见过蛇的图片，但是还未见过真蛇。他不知道蛇会咬人。他见到那条蛇时十分兴奋，当蛇溜走时他还会追赶它。因为我知道他赶不上那条蛇，所以我没有阻止他，也没有告诉他蛇是危险的。然而从那时起，他的保姆便禁止他在草丛中跑，因为里面也许有蛇。结果他产生了轻微的恐惧，但并未超过我们认为应有的程度。

　　迄今为止，最难克服的恐惧是对海的恐惧。我们第一次想带孩子下海是在他两岁半的时候。起初，这几乎是完全不可能的。他讨厌冰冷的海水，害怕海浪的拍打声，在他眼里，那海浪总是来而不回。如果海浪很大，他甚至连海边都不肯去。这是普遍恐惧的时期：动物、奇怪的声响以及其他事物都会使他惊恐。我们采取循序渐进的方式来消除他对海的恐惧。我们把他放进离海较远的浅水中，一直到他不会因为水冷而产生刺激为止；在夏季的四个月结束时，他已经能在远离海浪的浅水里拍水玩乐了，但是当我们把他放入水深齐腰的池子里时，他依然会哭闹。我们使他习惯海浪声响的方法是：先让他在看不见海浪的地方玩上一个小时；然后我们又将他带到能看见海浪的地方，并让他注意海浪来而复回的景象。所有上述办法再加上父母和其他孩子的榜样，只能使他达到接近海浪而不恐惧的程度。我确信他的恐惧是本能的，我断定没有任何联想促使其产生。第二年的夏季，在他三岁半的时候，我们重提旧事。他对真正走进海浪中依然感到恐惧。在被劝诱及观看他人入水均未奏效之后，我们采用了旧式手段。当他表现出胆怯时，我们就让他感到我们都为他害臊；当他表现出勇敢时，我们就热烈地赞扬他。我们一连两个星期每天都把他丢入齐脖深的海水中，不管他如何挣扎哭叫。① 然而挣扎和哭叫与日递减；后来他开始要求我们把他放进水里，尽管有时还会挣扎和哭叫。两星期后，我们预期的结果达成了：他不再惧怕大海。从那时起，我们让他享有彻底的自由，只要天气适宜，他就会自动去洗海水浴——显然他的心情非常愉快。他的恐惧虽并未完全消除，但在一定程度上受到了自尊心的抑制。然而，对海水的日渐熟悉使这种恐惧迅速减少，如今已完全消失。他的妹妹，现在是一岁八个月大，但她从未对大海有过恐惧，并且能毫不犹豫地径直跑入海中。

　　我对此事描述得较为详尽，因为它在某种程度上与我所尊重的现代理论相悖。教育应当极少使用武力。但为战胜恐惧，我认为武力有时是有益的。当恐惧不合理且强烈时，若对儿童不管不顾，则将永远不能向他们证明其实没什么好怕的。当某种情境反复经历而并无伤害时，熟悉感会战胜恐惧感。所恐惧的事情只经历一次很可能是无用的，必须让儿童足够频繁地经历，才能让他们不再感到恐惧。如果必要的经验无需武力便可获得，自然再好不过；但若不是这样，那么与其继续恐惧，不如使用武力。

---

　　① 当我像他那么大时，大人对我采取的办法是提起我的脚后跟，将我的头在水里浸上一段时间。说来也怪，这个方法竟成功地使我爱上了水；尽管如此，我并不推荐这个方法。

　　还有一点需要指出。无论对我儿子，还是对其他孩子，战胜恐惧的经历都是极快乐的。它易于唤起孩子的自豪感：当他因勇气获得赞扬时，他会一整天都喜形于色。当年龄渐长，胆怯的男孩会因遭受其他男孩的白眼而苦恼不已，那时他若想养成新的习惯必将困难得多。因此，我认为尽早让孩子学会自我控制恐惧、教授其身体技能是非常重要的，值得采取果断的措施。

　　父母往往从错误中获益，只有当孩子长大时，他们才会懂得如何教育孩子。因此，我要讲一件事，以证明过分迁就的危害。我儿子在两岁半的时候，被单独放在一个房间里睡觉。从婴儿寝室中"升迁"上来，他颇为得意，而且这最初的夜里他一直睡得很安稳。但是有一天夜里狂风大作，篱笆被刮倒，发出一声巨响。他被惊醒，并大声哭叫。我马上来到他跟前；他显然是从噩梦中惊醒，见到我就死死地抱住，心咚咚乱跳。他的恐惧很快就消失了。但是他开始抱怨屋子里很黑——可是过去他一直是在这样的房间里睡觉的。我离开以后，他的恐惧似乎又悄悄地回来了，于是我给他点了一盏夜灯。在那之后，他几乎每天夜里都要哭闹一番，后来我们才弄清，他这样做只不过是为了让大人进去陪他，热闹一下。因此我们就很认真地告诉他，黑暗中并无危险。还告诉他，如果他醒了，那么就翻个身继续睡，因为除非有严重的事情发生，我们不会再过来看他。他认真听了我们的话，后来除了几次严重事件，他从未哭过。当然，那盏夜灯也不再使用了。如果我们一直过分迁就，他也许会很长时间，或者终生都睡不好觉。

　　关于个人经验就先谈到这里。我们现在必须进而讨论消除恐惧的一般方法。

　　过完幼儿初期，培养肉体上的勇敢的最好教师是其他儿童。如果一个孩子有兄弟姐妹，他们的言传身教都是对他的鼓励，只要他们能做到的，他也会努力去做。在学校，肉体上的怯懦受人藐视，成年的教师无须强调这一点。至少在男生中是如此。女生中的情形也应如此，她们应具有和男生完全相同的勇敢标准。值得庆幸的是，在身体方面，女生不再学习做"淑女"，她们对于肉体勇敢的自然冲动已被允许有相当的发泄余地。然而，男孩和女孩在这一方面仍存在差别。我确信这种差别不应有。①

当我说人应勇敢时，我所采取的完全是行为主义者的定义：若一个人做了其他人因为害怕而不敢做的事时，那么他便是勇敢的。如果他不感到恐惧，那么就更值得赞赏——我认为靠意志控制恐惧不是唯一的勇敢，或是最好的勇敢。现代道德教育的秘诀是通过良好的习惯产生成绩，以前是通过自制和意志产生（或企图产生）成绩。源于意志的勇敢会引起神经错乱，"炮弹休克"就是证据。被抑制的恐惧往往会以各种自身意识不到的方式强行现出原形。我并不是说要完全取消自制；相反，没有自制，任何人都不能坚定不移地生活。我的意思是，只有在教育未曾事先准备过的意外情况中，才需要自制。训练所有人，使之无须努力便能具备战争所需要的那种勇气，这即使能办到，也是愚蠢的行为。这是一种特殊的临时需要，如果战壕里所需要的那些习惯已在幼年形成，那么其他教育必将受到阻碍。

已故的里弗斯博士在其晚年所著的《本能与无意识》中对恐惧做出了我目前所知的最佳心理学分析。他指出，认识危险形势的途径之一是操作性活动，凡是能恰当运用这一方法的人，都不会感到恐惧，至少在意识上是如此。这是有价值的经验，这能激励人们自尊和自强，从恐惧

---

① 参阅鲍斯菲尔德所著的《性与文明》。

逐渐转化为熟练掌握。甚至像练习骑自行车这样的简单事情，也能提供少量此类的经验。在现代世界中，由于机械的增加，这种技能正在变得越来越重要。我建议，肉体上的勇敢的培养应当尽可能借助于传授操作或控制物质的技能，而不是通过人类身体之间的竞争。登山、开飞机，或在大风中驾驶小船所需要的勇敢，在我看来，要比战争中所需要的那种勇敢，更值得赞赏。因此，我们应该用带有一定危险性的技巧性活动来训练学生，而不是通过诸如踢足球之类的事。若要征服敌人，那么就以物质为敌，而不是以人类为敌。我不是说这一原则应加以学究式的应用，而是说它应在体育上受到更多的重视。

当然，还存在着较为被动的肉体上的勇敢。比如忍受疼痛而不抱怨；当小孩经历小病小灾时，大人不流露过多的同情便能使他们获得这种勇敢。后来生活中的歇斯底里主要是由于过分渴望同情的缘故；人们常常装作不舒服，是由于期望获得爱抚与照顾。鼓励孩子不因一点抓伤和碰伤而啼哭，可以防止这种倾向的发展。在这方面，托儿所对女孩的教育，要比对男孩的教育糟糕得多。柔弱对于女孩的危害不在男孩之下；女子若要与男子平等，她们在这些较为坚定的品德上也不可甘拜下风。

现在我要开始讨论并非纯属肉体的勇敢。这种勇敢更为重要，但若不以更初步的勇气做基础，很难得到充分发展。

在讨论幼儿期的恐惧时，我们已经讨论过对神秘物的恐惧。我相信这种恐惧是本能的，并且具有不可低估的历史重要性。迷信大多由此产生。日食和月食、地震、瘟疫及其他诸如此类的事情，都会在非科学的民族中引起极大的恐慌。这是一种对个人和对社会都十分危险的恐惧形式，因此在幼年时代就将其消除十分必要。消除这种恐惧的最佳方法是科学地说明。初看上去似乎神秘的事情并非件件都有说明的必要，因为只要说明其中几件，孩子便会认为其他事情也能说明，甚至会说出"还未能予以说明"这样的话。重要的是，要尽快产生一种感觉，即神秘感源自无知，而耐心和精神的努力能够驱除无知。一个值得注意的事实是，起初因神秘感而使孩子感到恐惧的东西，一旦恐惧被克服，反而会使孩子感到欢喜。因此，神秘一旦不再助长迷信，就会激起人们研究的兴趣。我的儿子在三岁半时，曾用了好几个小时独自全神贯注地研究花园里的水枪，终于弄清水如何进来、空气如何出去，以及相反的过程如何发生。日食和月食的现象也能用小孩听得懂的方式解释清楚。应尽可能给孩子讲清一切令他们恐惧或感兴趣的事情；这种使恐惧转化为研究兴趣的过程，完全顺应了人类本能，并且是种族发展史的重演。

据此，有些问题十分困难需要认真对待。最困难的是死亡。孩子很快就会发现植物和动物会死亡。在他六岁以前，他认识的某人可能会死亡。如果他思维活跃，他很快就会意识到他的父母会死亡，甚至他自己也会死亡（这是更难以想象的）。这些思想会产生许多必须认真予以回答的问题。在回答这些问题时，信奉正统信仰的人将会比那些认为死后无生命的人少些困难。如果你持有死后无生命的观点，不要说出与之相反的话；做父母的绝不可对自己的孩子说谎。说死亡是永不苏醒的睡眠，是最好的解释。说这话时不要显得一本正经，而要像说最普通的事情一样。如果孩子担心自己会死，你就告诉他在之后许多许多年里，这种事是不可能发生的。在人生早期就尝试灌输斯多葛派蔑视死亡的观点，是行不通的。不要主动提这个话题，但当孩子自己提出时，也不要回避。要尽量让孩子感到这个问题没什么神秘感。如果他是正常、健康的孩子，这些方法将足以使他消除疑虑。对于任何年龄的儿童，都要充分而坦率地交谈，告诉他们你所相信的一切，并且传递这样一种感觉，即这个问题没有什么意思。无论老幼，花大量时间去考虑死亡问题都没什么益处。

抛开特殊的恐惧不谈，儿童普遍易于焦虑。这通常是他们的长辈约束过度的原因，因此现在要比过去好得多。不停地责备、禁止弄出响声、时刻遵守规矩，所有这些使童年成为一段痛苦的时期。记得我五岁的时候，有人告诉我童年是一生中最幸福的时期（在当时，这完全是无稽之谈）。我听了之后痛哭不已，希望自己死了才好，因为真的不知道要怎样才能熬过以后的凄惨日子。这在今天的孩子听起来简直是天方夜谭。儿童的生活原本是充满期待的：它总以将来的可能为目标。这是促使儿童努力的动力之一。让儿童回顾过去，并表明将来会比过去还糟，这就等于从根本上耗竭儿童的生命之源。然而，在过去，那些无情的感伤主义者正是通过向儿童谈论童年的种种快乐来做这种事。值得庆幸的是，他们的话犹如过眼云烟。在大部分时间里，我都相信成年人必定十分快乐，因为他们不用上课，并且能吃他们喜欢吃的东西。这种信念是健康并且具有激励作用的。

害羞是令人苦恼的胆怯，其在英国和中国十分常见，但是在其他地方却比较罕见。之所以害羞，部分人是因为同生人交往太少，部分人是因为必须坚持社交礼节。如果方便，孩子一岁之后应当常见生人并受生人抚摸。至于礼节，孩子起初只应学习最基本的，不至于招人讨厌即可。与其指望孩子安安静静地坐在房间里，不如不加限制地让孩子见上生人几分钟，然后再带走。但是两岁之后，教他们每天用部分时间来安静地自娱自乐，即利用图片、泥土、蒙台梭利教具或诸如此类的东西玩耍学习，则不失为良好的计划。要想使儿童安静，总要有一个他们所能理解的原因才行。礼仪规矩不应抽象地教导，除非它可在有趣的游戏中习得。然而，一旦孩子能够理解，他就应认识到父母也有自己的权利；他必须给他人自由，这样自己才能获得最充分的自由。儿童不难理解公正，他们乐于将他人给予的也给予他人。这便是良好规矩的核心。

　　至关重要的是，如果你想消除孩子的恐惧，你自己先要无所畏惧。如果你自己害怕雷雨，孩子第一次在你面前听见雷声便会感染上你的恐惧；如果你表示害怕社会变革，孩子便会更感害怕，因为他们不清楚你在谈论什么；如果你担心疾病，那么你的孩子也会害怕。人生充满了危险，智者对于那些不可避免的事情不加理睬，但对于那些可以避免的事情，则会不动声色地谨慎处理。你不能避免死亡，但是你能避免死前未立遗嘱；所以，你应立下遗嘱，并忘记你会死亡。理智地防备不测完全不同于恐惧——前者是智慧，后者是屈服。如果你不能避免恐惧，那就尽量不让你的孩子发现。而至关重要的是，要让孩子具有宽阔的视野和广泛的兴趣，这样就可避免他在日后生活中忧虑可能出现的个人不幸。只有这样，你才能使孩子成为宇宙的自由公民。

第五章　玩耍和幻想

　　无论人类还是其他动物，热爱玩耍都是幼小生命最显著的特征。对于儿童来说，这种爱好是通过装扮而富有无穷乐趣。玩耍与装扮在儿童时期不可或缺，若要孩子快乐与健康，就必须为他们提供玩耍和装扮的机会。就此而言，有两个问题与教育相关：首先，在提供机会方面，家长和学校应当做些什么？其次，在增加玩耍的教育作用方面，他们还应做些什么？

　　让我们首先谈谈玩耍时的心理。格罗斯对此已有详尽的论述，前章提到的威廉·斯滕的著作中对此也做了较为简短的讨论。关于此事，涉及两个互不相关的问题：第一个问题涉及产生玩耍的冲动，第二个问题涉及玩耍的生物作用。第二个问题比较容易回答。似乎没有理由怀疑这样一个公认的理论，即在玩耍中，任何种类的幼小动物都是在预习和实践它们将来要全心全意从事的活动。小狗玩耍与大狗打架完全相同，只是小狗并不是真的撕咬。小猫之间的玩耍也和大猫与老鼠之间的追捕颇为相似。儿童喜欢模仿他们所见过的工作，比如建筑或挖掘；那工作在他们看来越重要，他们就越喜欢模仿。凡是能增强新的肌肉能力的活动，他们都喜欢做，如跳跃、攀登、沿着窄木板往上走——只要不是太难。虽然这能大体上说明玩耍冲动的作用，但绝对未包含其全部表现形式，因此暂且不应进行心理学分析。

一些精神分析学家企图在儿童的玩耍中看出性的象征。我确信，这完全是荒唐的空想。儿童期的本能冲动并不源于性，而源于对于成为大人的渴望，或者更准确地说，是源于权力欲。[①] 与成人相比，儿童会深感自己软弱无力，因此希望能成为与之匹敌的人。我还记得当我的儿子知道他有一天会成为大人，而我曾经也是小孩时，他高兴得不得了；如果孩子觉得有成功的可能，那么他会更加努力。正如模仿的行为所表明的那样，儿童从很小开始就希望做大人所做的事情。一个孩子有兄弟姐妹会受益匪浅，因为他的目的能够被理解，而且他们的能力也不像成人那样难以达到。自卑感在儿童身上是非常强烈的：如果儿童一切正常，并且教育得当，自卑感便能激发努力；但如果他们受到压制，自卑感就可能成为烦恼的根源。

在玩耍中，权力欲有两种获得形式：一种存在于学习做事之中，一种存在于幻想之中。正如失意的成人可能会沉溺于具有性意味的幻想一样，正常的儿童会沉溺于具有权力意味的装扮。他们喜欢装扮成人、狮子或火车；他们希望通过装扮引起他人的恐惧。当我给儿子讲了《杰克——巨人杀手》的故事之后，我试图让他扮成杰克，但是他坚持选择扮演巨人。当他妈妈给他讲了《蓝胡子》的故事之后，他坚持要做蓝胡子，并且认为蓝胡子的妻子不听吩咐，确实该受惩罚。在他的玩耍中出现过砍下女人头颅这样残忍的场面。弗洛伊德学派会说这是性虐待狂；但他对装扮成一个吞吃小男孩的巨人，或是一个能拉重货的火车同样感到快乐。力量，而非性欲，是这些装扮中的共同成分。某天我们散步回来，我以一种开玩笑的口吻对他说，也许会有位名叫蒂德利温克斯的先

---

①　参阅卡麦隆博士所著的《神经质儿童》，第 3 版，牛津，1924 年，第 32 页。

生占据我们的家，并不准我们进屋。在那之后很长一段时间里，他常站在门口扮成蒂德利温克斯，并命令我到别人家去。这个游戏让他感到其乐无穷，他所享受的显然是假装拥有权力。

然而，若认为权力欲是儿童玩耍的唯一源泉，则未免过于简单化。他们还喜欢假装害怕，也许因为他们知道这是假装的，所以增加了安全感。有时我装扮成鳄鱼去吃我的儿子。他的尖叫声那样真切，我便停了下来，以为他真的害怕了，但我刚一停下，他就说："爸爸再变成鳄鱼。"装扮乐趣中的相当部分纯属戏剧性的欢乐——和成人喜欢小说、戏剧是同一回事。我认为所有这些活动都含有好奇的部分：通过扮成熊，孩子会感觉自己似乎真的了解了熊。我认为儿童生命中的种种强烈冲动都会在玩耍中有所反映；权力在玩耍中所占的支配地位不过是与它在欲望中所占的支配地位相等而已。

说到玩耍的教育价值，人人都赞同它能增加儿童的新才能，但是对于装扮颇感怀疑。在成人生活中，幻想已被公认为不同程度的病态，是在现实领域中个人努力的取代品。幻想所蒙受的耻辱有些也涉及孩子的装扮，我认为这完全是错误的。蒙台梭利派的教师不喜欢儿童将教具当作火车、轮船或其他的物品，称之为"混乱的想象"。他们是完全正确的，因为儿童所做的并不是真的玩耍，即使儿童自己也可能看不出别的意义来。蒙台梭利教育能带来欢乐，但其目的是教学；娱乐只不过是教学的手段而已。然而在真正的玩耍中，娱乐则是主要目的。若以"混乱的想象"为由来指责真正的玩耍，在我看来，就有点过了。这也适用于对给儿童讲仙女、巨人、女巫以及魔毯等故事的指责。我不能赞同那些拘泥于真实性的人，就像不能赞同那些拘泥于其他事情的人那样。人们常说孩子分不清装扮和现实，但我认为这种说法其实是没有根据的。我们都不相信哈姆雷特这个人真的存在，但若有人在我们欣赏这部话剧时不断提醒我们这一点，我们定会觉得讨厌。同样地，孩子也会对生硬地提醒"真实"而感到讨厌，然而他们绝不会被他们自己的装扮所欺骗。

真相是重要的，想象也是重要的；但是想象无论在个体历史中还是在人类整体历史中都较早开始发展。只要孩子肉体上的需要得到满足，他们就会觉得游戏比现实有趣得多。在游戏中，他是国王：的确，他统治其领土的权力要比尘世间任何君主的权力都要大。在现实中，他必须按时就寝，遵守一大堆令人厌烦的规矩。当毫无想象力的成人轻率地干扰了他所布置的小天地时，他会大发脾气。当他砌成了一堵墙，即使是最大的巨人也不能跨越，如果你漫不经心地迈了过去，他会愤怒得像罗慕路斯对雷穆斯一样。既然孩子比不过成人属于正常现象，而非病态，那么他们用幻想来弥补这一差距也属正常而非病态。玩耍不是虚度光阴，有些人认为这些时间若改作他用，可能会更有益；但如果孩子把所有时间都用作严肃的追求，那么他们的精神很快就会崩溃。也许应该告诉一个沉迷幻想的成年人及时努力去实现幻想，但是一个孩子尚不能实现那些他应有的幻想。他不会把幻想视作现实的永久替代品；相反，他会热切地希望之后将幻想变为现实。

将真理和事实混为一谈是很危险的错误。我们的生活不仅受事实支配，而且也受希望支配；那种只注重事实的真理是对人类精神的桎梏。只有把幻想当作改变现实之努力的懒惰替代，它才应遭受谴责；当幻想为一种刺激物时，它就有了体现人类理想的重要意义。将儿童的幻想扼杀就是使他们成为现状的奴隶，成为拴在地上的动物，也因此无法指望他们去创造天堂。

你也许会说，此话不错，但是这和巨人吃小孩或蓝胡子砍下他妻子的头颅又有什么关系？这些事情会在你的天堂里出现吗？想象不是必须净化和升华后才能有益吗？作为一个和平主义者，你怎能允许你那天真的儿子以杀人之念为乐呢？你怎能为那些从人类野蛮天性中衍生出来的快乐做辩护呢？想必读者也定有这许多疑问。这件事是重要的，我将尽力阐明我持不同观点的理由。

教育存在于对本能的培养，而非抑制。人的本能很模糊，可以有很多方法来满足。其中大部分本能的满足，都需要某种技能。板球和棒球能够满足同一种本能，但是一个男孩要玩的总是他学过的那种。因此品格教育的秘诀在于向人们提供那种能引导他们有益地利用本能的技能。在童年通过扮演蓝胡子所略略满足的权力本能，以后便可通过科学发现、艺术创作、培养杰出儿童或其他任何有益的活动来获得完全的满足。如果一个人只懂得如何打仗，他的权力欲就会使他以作战为乐。但如果他还有其他技能，那么他便会通过其他方式来获得满足。可是，如果他的权力欲在儿童时期就被扼杀在萌芽状态，他将会变得无精打采，懒懒散散，一事无成；他将是一个"无论神灵或仇敌都不会喜欢"的人。这种懦夫的善良并不为世界所需要，也不是我们应当在我们的下一代身上培养的。尽管他们还小，不能做出伤害之事，但他们却在想象中过着远古时代野蛮祖先的生活，这在生物学上是很自然的事情。如果你能使他们获得高尚满足所需要的知识和技能，那么你就不必担心他们会永远停留在这个水平。我小时候很喜欢翻跟头，但是我现在不再翻了，尽管我认为翻跟头没什么不好。同样，以装扮成蓝胡子来获得乐趣的孩子在未来也会改变这种嗜好，并学习以其他方式寻求权力。如果儿童的想象力在孩提时代能够通过适合这一阶段的刺激而保持活跃，那么以后当它能以适合成人的方式进行活动时，它继续保持活跃的可能性则要大得多。在道德观念无法引起反响，并且也无须用它来约束行为的年龄段，强行灌输道德观念是无用的。唯一的结果是引起厌恶，从而在那些道德观念也许能发生效力的年龄段，儿童反倒对它们无动于衷。这也是儿童心理的研究在教育上至关重要的原因之一。

儿童后期的玩耍不同于早期玩耍的原因在于竞争性的不断增加。起初，孩子的玩耍是单独的——婴儿很难加入哥哥姐姐们的玩耍。但是集体玩耍要比单独玩耍有趣得多，因此，一旦集体玩耍成为可能，单独玩耍很快就会停止。英国上流社会的教育始终赋予学校里的游戏以巨大的道德意义。在我看来，这种传统的英式观念有些夸张，虽然我承认游戏确实有某些重要价值。只要不过于专门化，游戏对健康是有益的。如果过于注重特殊技能，那么只有最好的运动员才能胜任，剩下的人就只得退作观众了。游戏能教儿童默默地忍受伤痛，欣然地经受疲劳。但人们所说的其他的益处，在我看来纯属幻想。有人说游戏能教人合作，但其实游戏只能教人竞争性地合作。这种形式的合作是战争所需，而非工业或正确的社会关系所需。科学已在技术上令经济及国际政治的合作取代竞争成为可能；与此同时，科学也使竞争变得比以前危险得多。由于这些原因，现在比过去更需要培养战胜自然的合作精神而不是培养战胜人类的竞争精神。我不想过多地强调这一问题，因为竞争是人类的自然天性，必有所表现，只不过除了游戏及体育比赛以外，很难找到有益无损的竞争。这是不可取消游戏的充分理由，但却不是把游戏捧为学校主课的充分理由。让孩子们玩耍是因为他们喜欢玩耍，而不是因为游戏被当权者视为如日本人所宣称的"危险思想"的解药。

关于战胜恐惧及培养勇气的重要性，我在上一章已谈了许多；然而勇气绝不可与凶残混为一谈。凶残是以本人的意志强加于别人为乐，勇气则是将个人的安危置之度外。如果有机会，我要教孩子们在惊涛骇浪中驾驶小船，在高处跳入水中，开汽车或者开飞机；我会像昂得尔的桑德森那样，教儿童制造机械，并在科学试验中敢冒风险。总之，只要有可能，我要以无生物的自然界为竞争对手，权力欲也能像在与人的竞争中那样得到满足。这样获得的技能较之打板球或踢足球的技能更为有益，并且所发展的性格会与社会道德更为和谐一致。抛开道德上的品质不谈，狂热地崇尚体育会导致轻视智力。大不列颠由于愚昧，当局不重视或不促进智力发展，正在丧失其工业地位，甚至还会丧失它的帝国。所有这些都与盲目相信体育运动至关重要有关。当然，还应更深入分析：将年轻人的体育成绩作为确定其价值的标准，这说明我们普遍不懂得需要用知识和思想来支配复杂的现代世界。关于这个问题，后面还要详细讨论，所以此处不再多谈。

学校里的游戏还有另一种作用，这一作用通常被认为是有益的，但我认为其大体上是有害的——我指的是游戏助长集体精神的效力。集体精神为当权者所喜爱，因为它能使当权者利用人们从事不良动机的活动。若要人们努力，激起人们超过其他集体的欲望便可奏效。而困难在于这无法为非竞争性的努力提供动机。令人吃惊的是，竞争性的动机已经深深嵌入我们所有的活动当中。如果你希望说服某市改善保护儿童的公共设施，你必须指出附近某市的婴幼儿死亡率较低。如果你希望说服某制造商采用一种显然更先进的新工艺，你必须强调竞争的危险。如果你希望说服陆军部让高级指挥官掌握一些军事知识，那是很难办到的，即使在对战败的恐惧盛行时，也很难办到，因为"绅士"的传统是那样根深蒂固。[①] 无法为建设本身而促进建设，或使人们热心于有效率地从

①　参阅费迪南德·图伊上校所著的《秘密军团》，默里，1920年，第6章。

事他们的工作，即使无人会因此而受到损害。我们的经济制度较之于学校的游戏与此更有关系。但是学校里现存的游戏体现着竞争精神。若想以合作精神取而代之，则必须对其加以改变。但若展开讨论这个问题，将会使我们远离主题。我不是在讨论美好国家的建设，而是在讨论在现有国家里尽可能地培养美好个人。个人的改善和社会的改善必须同步进行，但笔者在论述教育问题时，更关注的是个人。

第六章　建设

本章的主题在讨论玩耍一事时，曾被顺带提及过，但现在要做专题讨论。

正如我们所见，儿童的本能欲望是十分不确定的；教育和机遇能将这样的欲望引入多种不同的渠道。无论是旧有的"原罪"的信念，还是卢梭的"人类天生自有德"的信念，都与事实不符。本能的原材料在道德上是中性的，在环境的影响下，既能变成善，也能变成恶。从冷静的乐观主义出发，我们有理由相信以下说法：撇开病态的事例不谈，多数人的本能起初都可发展为善的形式——只要在人生早期时身心健康，病态的事例必定极少。一种适当的教育可以使人们依照本能生活，但那是一种经过训练和教化的本能，而非自然生成的粗鲁且无定形的冲动。本能的伟大教化者是技能：就是能自足的技能，而非其他技能。传授某人以正当的技能，他将为善；传授某人以错误的技能，他将为恶。

以上情况特别适用于权力欲。我们都希望有所成就，但是对于权力的追逐使我们并不在意成就些什么事。一般来说，所成就的事情越难，就越使我们高兴。人们喜欢用假蝇钓鱼，因为那很困难；人们不愿射击正在孵蛋的鸟，因为那过于容易。我之所以举这两个例子，是因为在此类事情上，人们除了想要获得运动的愉快外，并不存在居心叵测的动机。不过这一原则普遍适用。比如，我喜欢数学，进而去学习欧几里得几何学，进而又去学习解析几何，循序渐进。孩子起初喜欢走，然后喜欢跑，再之后喜欢跳跃及攀登。我们能轻易做到的事不能再给予我们一种权力感，唯有新近掌握的技能或令我们怀疑的技能，才会使我们产生成功的喜悦。这就是为何权力欲能永远适应所学技能的原因所在。

建设和破坏都能满足权力欲，但通常来说，建设更加困难，因此能建设的人会获得更多满足感。我不想对建设和破坏下一种咬文嚼字的定义。大体来说，我认为，当我们增加我们所感兴趣的系统的潜能时，我们是在建设；而当我们减少其潜能时，我们是在破坏。或用更具心理学意味的术语：当我们产生一种预定的结构时，我们是在建设；当我们释放自然力去改变现存的结构，而又对产生新的结构并无兴趣时，我们是在破坏。无论人们如何看待这些定义，我们都知道何种行为应被视为建设，除非我们遇到某人声称自己破坏的目的是重建，而我们又无法确定他是否真诚可信。

由于破坏比较容易，因此孩子的游戏通常由破坏开始，到后来才逐渐转入建设。一个在沙地上手提小桶的孩子喜欢看大人制作沙子布丁，然后自己用铲子将布丁铲平。然而，一旦孩子能自己堆布丁，他将会乐此不疲，并且不允许别人将他堆的布丁推掉。当一个孩子第一次拥有砖块时，他喜欢用砖块毁掉其兄弟姐妹建造的城堡。但是当他自己学会建造时，他会对自己的成果得意扬扬，并且不忍心看到自己的建筑成果被夷为废墟。使孩子喜欢这种游戏的冲动在建设与破坏两个阶段是完全一致的，但是新技能的掌握会改变由冲动而产生的活动。

许多美德的萌芽是由于经历了建设的快乐而产生的。当一个孩子请求你不要毁坏他的建筑物时，你也很容易让他理解不应毁坏别人的建筑物。以此方式，你就能使孩子确立尊重劳动成果的思想，这是私有财产在社会上唯一正当的社会来源。你也能向孩子提供忍耐、坚持和观察的动机；缺乏这些品质，他就无法将城堡建筑到他向往的高度。在与孩子游戏时，你要做的就是激励他们，并向他们展示事情的做法即可；此后就应让他们自己去努力建设了。

如果孩子能够进入花园，就容易教他更为精巧地建设。孩子在花园里的第一个冲动就是摘下迷人的花朵。禁止他这样做很容易，但是仅仅禁止并不能够达到教育目的。人们需要在儿童的身上培养一种爱护之心，如阻止成人随意摘花的爱护之心。成人爱护花园是由于他们知道美丽的园景是劳动与汗水的产物。当孩子长到三岁的时候，可以分给他花园的一角，并鼓励他在里面播种。当种子萌芽和开花的时候，他会觉得自己的花珍贵美丽；到那时，他便能意识到他母亲的花也应当小心爱护。

要消灭无理智的残酷，最简单的方法就是增加对建设和生长的兴趣。只要长到一定的年龄，几乎每个孩子都想打死苍蝇和其他昆虫；之后便想打死更大的动物，以至于最终想杀人。在英国普通的上流家庭中，打死飞禽被视为殊荣，在战场上杀人被视为最崇高的职业。这种态度符合未加教化的原始本能：这是无建设技能者的本能，因此他们的权力欲无法得到良性的表现。他们能打死野鸡和欺压佃户，有机会时他们还能射杀犀牛或德国人。但是他们完全缺乏更有用的技能，因为他们的父母和教师都认为将他们培养成英国绅士便足够。我不相信他们生来就比别的孩子愚笨，他们后天的缺陷应完全归咎于不良的教育。如果从幼年开始，他们就被引导用爱心去关注生命的发展，从而认识到生命的价值，如果他们学会建设性的技能，如果他们知道人们辛勤劳动所缓慢取得的成果毁坏起来是何等快速和容易——如果这些都成为他们早期道德教育的一部分，他们就不至于随意地破坏其他人用同样方式创造或管理的事业了。如果父母的本能被充分唤醒，那么以后生活中的大教育家就是那些具有父母身份的人。但是在富人家庭，这种情形很少发生，因为他们总是把照看孩子的任务托付给专门雇用的专业人员，所以，我们不能等到他们做父母时，才开始根除其破坏倾向。

凡雇用过未受过教育的女佣的作家都知道，要防止她们用手稿来烧火是件难事（公众也许觉得这件事不可能发生）。作家的同僚即使嫉妒，也绝不会做这种事，因为经验让他们知道手稿的珍贵性。相似地，自己有花园的孩子将不会去践踏别人的花坛，自己有宠物的孩子也会懂得尊重其他动物的生命。凡是为自己儿女操心过的人大概都会尊重人类的生命。正是我们为儿女的操劳才能够唤起强烈的父母之心；对于那些逃避这些操劳的人来说，做父母的本能有一定程度的退化，仅作为一种责任感而留存。但如果充分发展他们做父母的建设冲动，他们就更易承担为自己子女操劳之责；因此，注意教育的这一方面是十分必要的。

当谈起建设，我不只是在说物质的建设。诸如演戏和合唱之类活动都是非物质的合作性建设，这类事情很合众多儿童和青年人的口味，因此应当予以鼓励（虽然并非强制）。即使纯属智力上的事情，也可能含有建设或破坏的倾向。古典教育几乎完全是批判性的：一个男孩学习避免错误，并鄙视那些犯错误的人。这容易造成一种冷酷的正确，由于这种正确，对权威的尊重会取代创造性。正确的拉丁文是一旦形成便固定不变的，那就是维吉尔和西塞罗的拉丁文。正确的科学是不断变化的，因此能干的年轻人可能希望能助推这一进程。科学教育所产生的态度很可能比学习一成不变的语言所产生的态度更富有建设性。如果教育的主要目的是避免错误，那么它创造的只是一些智力上的冷血动物。应当支持每一个有能力的青年男女运用自己的知识去从事某种冒险事业。人们往往认为，高等教育被视为提供某种良好规范的东西，即能够避免错误的消极性原则。在这样的教育中，建设会被淡忘。由此所培养的人通常都是谨小慎微、抱残守缺及斤斤计较之辈。若以积极的成就定为教育目的，所有这些缺点都可避免。

在后期教育中，应当鼓励社会建设。我的意思是，对于那些智力正常的人，都应当被鼓励去运用他们的想象力，去认真考虑如何以更有建设性的方式来运用现有的社会力量或创造新的社会力量。人们大多读过柏拉图的《理想国》，但是他们并未将其与现行的政策联系起来。当我声称俄国在 1920 年的理想几乎与《理想国》中的理想一样时，很难说到底是柏拉图主义者还是布尔什维克主义者会更感震惊。人们读文学名著时，并不会想弄清书中描写的布朗、琼斯以及鲁滨逊的生活到底意味着什么。谈论乌托邦很容易，因为我们不知道从现有的社会制度通向那里的途径。在此类事情上，能够正确判断下一步如何走，才是有价值的能力。英国 19 世纪的自由党党员就有这种能力，尽管根据他们的计划所导致的后果总是令人惊骇不已。这在很大程度上取决于人们无意识的思想意象种类。一种社会制度也许能构想出多种形式，其中最常见的有模型式、机械式以及树木式。第一种模型式属于固定不变的社会观，如斯巴达的社会观：将人性灌注到一个准备好的模子里，使其成为预定的形状。任何严厉的道德和社会习俗都含有这样一种意味。思想观念受此意象支配的人将会具有相应的政治观——僵化、固执、严厉以及冷酷。将社会设想为机械的人更加现代化。工业主义者属于这一类型。对于他们来说，人性是乏味的，人生的目标是简单的——一般来讲就是最大限度地扩大生产。社会组织的宗旨就是要达到这一简单的目标。然而困难在于人们实际上对这一目标并不感兴趣，他们坚持想要的是各种混乱的东西，而这些东西在头脑清晰的组织者看来毫无价值。这迫使组织者退回到模型式，以便产生和他愿望相同的人。而这反过来讲，也会导致革命。

将社会制度想象成树木的人会有另一种政治观。坏的机械可以拿走，另换一个。但是如果一棵树被伐倒，需要很长一段时间才能等新树长成同样的样子。一个机械或模型可由制造者随意制造，但是一棵树有它自己的特性，只能使其变优或变劣。生物的建设与机械的建设十分不同。生物的建设具有一些较为低下的功能，因此需要某种同情。由于这一原因，在对年轻人进行建设教育的过程中，应当使他们有机会练习植物和动物的建设，而不仅仅是利用砖石和机械进行建设。物理学自牛顿时代以来一直支配着人们的思想，自工业革命以来又在实践中占据统治地位，这带来一种相当机械化的社会观。生物进化论输入了一种全新的思想，但随着自然淘汰论的出现又有几分黯然失色。通过优生、少生和教育将自然淘汰论从人类事务中消除，应当成为我们的教育目的。树木式的社会观念优于模型式和机械式的社会观念，但仍存在缺陷。我们应当依靠心理学来弥补不足。心理上的建设新颖而独特，但目前尚未被深入了解。它对于建立教育、政治和各种纯粹人类事务上的正确理论至关重要。公民若想不为错误的推论所迷惑，那么他们的想象力应为心理上的建设所支配。有些人害怕人类事务上的建设，因为他们担心它会成为机械式的；因此他们信奉无政府主义和"回归自然"。我想要在本书中以具体事例表明，心理上的建设与机械式的建设有何区别。这种思想富有想象力的一面应在高等教育中为人所知。这一点若能实现，我相信我们的政治将不再是生硬、尖刻和破坏性的，而是柔和、真正科学化的，且以培养优秀男女为目的。

第七章　私心与财产

　　我现在要来讨论一个问题，其与恐惧类似，因为所涉及的也是一种强有力的、部分属于本能的且基本不可取的冲动。在其出现的所有这些情形中，我们必须谨慎行事，不可扭曲孩子的本性。无视孩子的本性，或者希望其本性能有所不同，这都是徒劳的；我们必须接受儿童本性所提供的原料，并且不要企图用适用于其他材料的方式来对待它。

　　私心不是一种终极的伦理概念——越分析，概念就越模糊。但它在托儿所里的表现却是十分明确的，所展现出的问题也很有解决的必要。若对孩子听之任之，大孩子就会夺走小孩子的玩具，要求成人予以更多的注意，一心想要满足自己的欲望，全然不顾小孩子的失落。人的自我就像气体，若无外界压力的约束，便会一直膨胀。在这方面，教育的目标是要让孩子自己心中的习惯、观念和同情成为外界的压力，而非虐待、殴打及体罚这些形式。儿童所需要的观念是公正，而不是自我牺牲。每个人在世上都拥有一定的权利，维护自己应得的利益不应被视为罪恶。当人们教导自我牺牲时，似乎就并不指望它能被完全践行，但认为它的实际效果总会是好的。但事实上，人们要么将这一教导抛诸脑后，要么在要求起码的公正时觉得自责，要么实行荒谬至极的自我牺牲。在最后一种情形中，他们还会暗暗怨恨他们所为之牺牲的人，并且由于要求他人感激，私心也许又悄悄萌芽。无论如何，自我牺牲不能成为真正的信条，因为它不能普及；至于灌输谬误以作为求得道德的手段则是最不可取的，因为一旦谬误被察觉，道德随即消失。与此相反，公正却是可以普及的。因此，公正才是我们应当灌输到孩子思想和习惯中去的观念。

　　向个别儿童灌输公正的观念，即使并非不可能，但也是一件很困难的事。成人的权力及欲望和儿童的是如此截然不同，以致成人难以体会儿童的想象；成人和儿童几乎不会为了追求同一种乐趣而展开竞争。而且，由于成人能够强迫孩子服从其要求，因此自我裁定案件，给孩子造成不公正的影响。当然，成人能够制定明确的规定去要求孩子在适当时候做出适宜行为：当母亲清点应洗衣物时，不要打扰；当父亲忙碌时，不要喧哗；当有客人来访时，不要乱插嘴。但是这些都是孩子所不能理解的规定，诚然，如果善待孩子，孩子也会甘愿服从，但他们并不会认为这是合理的。要求孩子遵守这些规定是对的，因为不能让他们变成暴君，并且必须使他们理解，别人的事情也是重要的，不管这些事可能是何等离奇。但是这类方法仅仅能造成表面良好的举止，真正的公正教育只有在儿童聚集的地方才能实行。这是孩子不能长期独居的原因之一。不幸只有一个孩子的父母应尽力为孩子寻找同伴，如果这样行不通，即使带他经常离开家也是值得的。一个孤独的孩子必定是压抑或自私的——也许二者兼有之。循规蹈矩的独生子女很可怜，不守规矩的则令人讨厌。在盛行小家庭的今天，这种问题更加严重。这是大力倡导开办保育学校的原因之一，后面我还将对此问题详细讨论。但是现在，我假定一个家庭至少有两个孩子，而且孩子的年龄相差不是很远，以便他们的兴趣爱好大致相同。

在某种乐趣一次只能为一个孩子所享受时,如乘坐独轮车,人们便会发现,孩子很容易理解公正。当然,孩子的冲动是要求独自享乐而不顾他人,但若成人制定了轮流享受的规定,孩子战胜这种冲动的速度之快是令人吃惊的。我不认为公正感是天生的,但它产生的速度之快令我吃惊。当然,那必须是真正的公正,而不应存有丝毫的偏见。如果你对某个孩子的喜爱超过其他孩子,你必须要防止自己的情感影响你一视同仁。当然,所谓"玩具人人有份"是公认的原则。

试图通过道德训练来解决公正的问题恐怕是徒劳的。不要给孩子多于公平的东西,也不要期望孩子能接受少于公平的东西。在《费尔柴尔德的家庭》一书中有一章名叫"心灵的隐恶",该章列举了可以避免"隐恶"方法的实例。露西坚持说她已经为善,于是她母亲告诉她,即使当她的行为端庄良好时,她的思想仍是错误的,并且引证说:"人心比世间任何事都要诡诈,并且极其邪恶。"(《耶利米书》第十七章第九节)于是费尔柴尔德夫人给了露西一个小本,以便当她表面为善时记下她心中"邪恶异常"的东西。吃早餐时,她的父母给了她妹妹一根丝带,给了她弟弟一个樱桃,但什么都没有给她。她在本子上写道,当时她产生了一个很邪恶的念头,即她的父母爱她的弟弟和妹妹胜过爱她。她受过教育,而且也相信,她应当通过道德训练来克服这种思想;但是这种方法只会使这种思想暂时被掩盖,日后会产生被扭曲了的奇怪后果。正确的方法应该是让她表达出自己的想法,让她的父母来解开她的心结,要么也给她一件礼物,要么以她能理解的方式来说明如果暂时没有合适的礼物,必须等到下一次。真实和坦率能够化解困难,而压制性的道德训练只会增加困难。

与公正密切相关的是财产意识。这是一个棘手的问题,只有通过灵活的机制而非硬性的规定来处理。实际上，一些有冲突的问题很难弄清。一方面，财产欲以后会产生许多可怕的罪恶——对丧失物质财富的恐惧是政治上和经济上凶残的主要原因之一。男人和女人都应当尽可能通过不受私人所有权支配的方式来寻求幸福，也就是通过创造性而非防御性的活动来寻求幸福。因此，若能避免孩子的财产意识，就不应再培养这种意识。但是，另一相反方面也有一些相当充分的理由，如果不予重视，会很危险。首先，财产意识在孩子身上非常强烈；在他们刚能抓住所能看见的东西时，这种意识就开始发展了。凡是他们能抓住的，就认为是自己的，如果有人拿走，他们就会愤怒。我们现在仍称财产为"所有物"，而"持有"的意思则是"握在手中"。这些字眼表明了财产与攫取之间的关系，"贪婪的"一词也是如此。没有玩具的孩子会拾起树枝、破砖头或其他能找到的玩意儿当作自己的私产珍藏起来。可见，财产欲如此根深蒂固，一旦压制，必生危险。而且，财产欲还能培养爱护之心，约束破坏的冲动。孩子对自己亲手制作的物品的财产意识尤其有益；倘若这种意识被抑制，其建设冲动也会被抑制。

　　由于以上争论如此矛盾，我们不能采取任何明确的政策，而只能在很大程度上依据当时的情形以及儿童的天性去定夺。尽管如此，关于在实践中调和这些矛盾的方法，还是有话可说的。

　　说到玩具，有些应当是私有的，有些应当是共有的。例如，摇木马一般都是共有的。这就揭示出一个原则：凡能共享，但是每次只能由一人享用的玩具，如果体积过大或过于昂贵，不便购置很多，就应当是共有的。另一方面，如果有些玩具对于某个孩子较之其他孩子更为适用（比如，由于年龄的差异），那么这些玩具也许应当属于那个能从中获得最大乐趣的孩子。如果一个玩具需要小心操作，而只有大孩子才知道怎样做，那么不让小孩子碰，以免损坏，无疑是正当的。应当为幼儿提供特别适合其年龄特征的私人玩具，以弥补其私有财产的不足。两岁之后，被孩子粗心损坏的玩具不应立刻换新的，要让孩子在一段时间内感受到这种损失。不要让孩子总是拒绝别的孩子来玩他的玩具。当孩子的玩具多得玩不过来的时候，如果别的孩子要玩那些闲着的玩具，就不应允许他反对。但有两种玩具除外，一种是易被其他孩子损坏的玩具，另一种是已被主人改造成建筑物并引以为豪的玩具。除非这座建筑物被遗忘，否则应当尽可能地好好保留它，以作为辛勤劳动的奖励。除了上述情况，不要让儿童养成有玩具但是既不玩又不分享的习惯，也不能允许他们蛮横地干扰其他孩子玩耍。在这些方面，培养孩子养成一些良好的行为举止并非难事，而且必要的严格是值得的。不能允许一个孩子从其他孩子手里抢东西，即使在正当的权限内也不可以。如果一个大孩子粗暴地对待小孩子，那么就向这个大孩子展现出同样的粗暴，并立刻解释你为何这样做。通过这种方法，我们就不难使孩子之间和睦相处，这对于防止经常性的冲突与哭啼十分重要。在有些场合，一定程度的严厉也许是必要的，其相当于一种轻微的惩罚。但是，绝不能让孩子养成欺负弱者的习惯。

在允许孩子拥有若干件珍爱物品的同时，也应当鼓励孩子养成使用砖头之类玩物的习惯，只有当他使用这类玩物时，他才拥有独占的权利。蒙台梭利教具是一切孩子的共用品，但是只要某个孩子正在使用它，其他孩子就不得打扰。这能培养出基于工作的、有限制的租用权利意识，这种意识不会和以后应有的行为相冲突。对于很小的孩子，这种方法不大适用，因为他们尚不具备足够的建设性。但是随着他们获得技巧，引导他们对建设的过程产生兴趣将日益变得可能。只要他们知道他们随时都能获得他们所需要的建筑材料，他们就不会十分介意其他孩子也使用那些材料，他们起初不愿和他人分享的感觉很快就会被习惯所消除。然而，当孩子到一定年龄的时候，我认为他们应当获准拥有自己的书，因为这能增强他们对书的喜爱，从而刺激阅读兴趣。孩子自己所拥有的书籍应尽量是些好书，如刘易斯·卡罗尔的书和《坦烈沃德的故事》之类，而不是那些拙劣的书。如果孩子想要读那些拙劣的书，那么应当使它们成为共有的财产。

　　以上体现的大致原则是：首先，不要因财产不足而让孩子产生扭曲的观念，这是造就财迷的办法。其次，当私有财产能够激起需要的活动时，尤其是当它能够教孩子认真办事的时候，应该允许孩子拥有它。但在此前提下，要尽量让孩子的注意力转移到不涉及私产的游戏上。不过即使当它与私人物品相关时，当别的孩子希望能获准玩他的玩具时，也不能让他吝啬。然而在此问题上，要引导孩子自愿分享；如果需要外界权威来进行施压，那么目的并未达到。对于快乐的孩子，激发慷慨并不困难；但对于一个缺少快乐的孩子来说，他自然会紧紧抓住所得不放手。儿童的美德并非通过痛苦，而是通过幸福和健康来获得。

第八章　诚实

　　培养诚实的习惯应是道德教育的主要目标之一。我不单是指言语上的诚实，也指思想上的诚实。老实说，后者在我看来更为重要。较之那些知道自己在说谎的人，我更不喜欢那些在潜意识中欺骗自己，还把自己想象成既有道德又诚实的人。的确，思想上诚实的人会认为言语上的不诚实并不总是错的。那些认为说谎必错的人都不得不通过大量诡辩和自相矛盾的做法来佐证它，以此为欺骗的手段，但又不承认自己在撒谎。然而，我认为应当说谎的场合很少——比从品德高尚者的实践中所推断的还要少得多。几乎所有应当说谎的场合都是有人在滥施淫威，或是人们在从事诸如战争之类有害活动的时候；因此应当说谎的场合在良好的社会制度里会比现在少得多。

　　事实上，不诚实几乎都是恐惧的结果。从小未受过恐吓的小孩必定诚实，不是由于道德约束之故，而是因为他根本想不到有别的做法。受到开明仁慈对待的儿童眼里总是充满坦荡的神情，即使遇到陌生人也毫无惧色；而常遭训斥及苛求的儿童，则总是害怕遭受责骂，一旦按照本性行动，就会担心是否逾矩。年幼的孩子最初是绝不可能说谎的。说谎是一种发现，源于对受到恐惧刺激的成人的观察。孩子发现成人对其说谎，以及对成人说实话是危险的；在这些情况下，孩子就开始说谎了。

若能避免这些刺激，孩子就不会想到说谎。

但是，在判断孩子是否诚实时，必须谨慎。儿童的记忆很不准确，并且他们往往不知道问题的答案，但是成人却认为他们知道。他们的时间观念相当模糊，四岁以下的孩子甚至不能分辨出昨天与一周前或昨天与六个小时前的区别。当他们不知道问题的答案时，他们就根据你的语气来回答是或不是。另外，他们还常以某种假想的戏剧人物的身份说话。当孩子一本正经地告诉你后院有一头狮子时，这显然是假想；但是他们往往极易把玩耍当成真事。由于上述原因，一个孩子所说的话在客观上总是错误的，但他没有丝毫欺骗的用意。的确，孩子最初总是以为大人是无所不知的，因此不会被骗。我儿子（三岁零九个月）常常让我告诉他（为了获得听故事的乐趣），当我不在家的时候，他都做了什么有趣的事，然而我发现让他相信我不知道发生了什么几乎是不可能的事情。成人能用儿童不了解的方式知道许多事情，以致儿童认为成人拥有无限的能力。去年复活节时，有人送给我儿子几个用巧克力做成的复活节彩蛋。我们告诉他，如果他吃太多巧克力，就会生病，但说完之后，我们就没再管他。结果，他吃了太多，并且生了病。他的病刚一好，就兴高采烈地找到我，用一种近乎胜利的语气说："爸爸，我生过病了，爸爸说过我应该生病的。"他在检验科学规律时的喜悦令人吃惊。从那以后就可以放心地把巧克力交给他保管了，尽管这种机会很少；而且，无论我们告诉他什么东西好，他都深信不疑。取得这种效果并不需要道德说教、惩罚或恐吓。对待人生的早期阶段，需要耐心和严格。我儿子已经接近了偷吃甜食但拒不承认的年龄。我敢断定他有时会偷吃，但是如果他说谎，我会感到很意外。如果一个孩子说了谎，父母应该从自身，而不是从孩子身上找问题；父母应当根除说谎的根源，并温和理智地讲明为什么不能说谎，以此来解决说谎问题。他们不应通过惩罚的方式来解决，这只会增加孩子的恐惧，从而增强说谎的动机。

若要孩子不说谎，成人应首先对孩子绝对诚实。父母教育孩子说谎有罪，而自己却说谎，并且被孩子察觉到，这无疑会使其丧失掉所有的道德威信。对孩子说真话是一个全新的观念，在此之前，几乎没有人这样做。我很怀疑夏娃是否对该隐和亚伯讲过苹果一事的实情，我坚信她会对他们说，她从未吃过对自己不好的东西。过去的父母总是以不食人间烟火的奥林匹斯山神自居，冷漠无情，永远按照纯粹的理性行事。当他们责备孩子时，伤心多于愤怒——无论他们如何斥责，他们都不是"十字架"，并对孩子说自己是为了他们好。做父母的往往不知道孩子把一切都看得一清二楚——他们虽然不理解各种用来骗人的政治理由，但是会直截了当地不屑一顾。你所察觉不到的猜疑和嫉妒，你的孩子却能看得清清楚楚，因此你的那些有关罪恶的漂亮的道德说教在他面前会大打折扣。永远不要装作一贯正确和超乎常人；孩子不会相信你，即使相信，也不会喜欢你。我现在还清楚地记得，我在很小的时候就已看透周边维多利亚式的欺诈和伪善，并发誓如果我有孩子，我绝不会重复人们施加于我的错误。我现在一直在努力实现我的誓言。

还有一种谎言对孩子的影响极坏，那就是以惩罚来威胁孩子，但实际又不会实施。巴拉德博士在其极具趣味的著作《变化中的学校》中着重指出了这样一个原则："不要威胁。如果你威胁了，就必须实现你的威胁。如果你对一个男孩说，'你再这样，我就打死你'，那么当孩子再那样的时候，你就必须打死他。否则，你在他面前就会威信全无。"（第112页）① 保姆及无知的父母对婴儿所威胁的惩罚不必这样极端，但是

---

① 《变化中的学校》由霍德及斯图腾公司于1925年出版。

这个原则也适用。除非有充分的理由，你不可坚持己见；然而一旦开始坚持，那么无论你如何后悔，也要坚持到底。如果你以惩罚相威胁，那么这种惩罚应该是你已做好准备去实施的；千万不要心存侥幸，以为你的威胁只是说说算了。若要使未曾受过教育的人理解这一原则，其困难程度令人吃惊。尤其不能以可怕的事情进行威胁，比如被警察关起来，或者被怪物抓走。这会引起危险的精神恐惧，并且会使孩子之后不再相信成人说的任何话和任何威胁。然而，如果你总是说到做到，孩子很快就会认识到，当你坚持的时候，反抗是没有用的，于是就会变得很听话，不会再找麻烦。但是要使这一方法成功，至关重要的一点在于你不可一味地坚持某个主张，除非有那样做的充分理由。

欺骗的另一种不可取形式是将无生命的物品当作有生命的物品去看待。当孩子撞在椅子或桌子上时，保姆往往会教孩子去打这些东西，并且念叨着"淘气的椅子"或"淘气的桌子"。这种做法会使孩子失去最有用的自然训练。若顺其自然，孩子很快就会意识到，没有生命的物品只能通过技术来摆布，愤怒和引诱是无用的。这样会激励孩子学习技术，并帮助他们认识到个人的能力是有限的。

在性问题上说谎，早已约定俗成。我深信这种做法是完全错误的，但在此处我不再多谈，因为后面我打算专门用一章来讨论性教育。

未曾受到压制的孩子会提出无穷无尽的问题，有些是理智的，有些则相反。这些问题往往令人厌烦，有时也不方便回答。但是你必须尽力给予诚实的回答。如果孩子问及有关宗教的问题，那么即使你的观点与其他成年人的观点相冲突，也要准确告诉他你的想法。如果孩子问及死亡，要回答他。如果孩子所问的问题旨在表明你的罪恶或愚蠢，要回答他。如果他问及战争或是死刑，要回答他。不要用"你现在还不懂"这种话去敷衍他，除非是困难的科学问题，比如电灯是怎样制造出来的。即使是在这种情况下，也要让他明白，当他日后知识多起来的时候，这个问题的答案一定会使他欣喜不已。告诉孩子的东西要多于他所能理解的，而不要少于——他所不能理解的部分将会激起他的好奇心和求知欲。

如果对儿童始终以诚相待，将会增加他对你的信任。孩子具有相信成年人说话的自然倾向，除非这些话违背了孩子的强烈意愿才会例外，就如我刚才提到的复活节的彩蛋一事。即使在这类事情上，如果你能让孩子稍稍感受到你的话属实，你也会轻易得到他的信任。但如果你只是常常恐吓，而又并不实行，你就不得不越发坚持恐吓，到最后不过是造成精神紊乱而已。有一天，我儿子想到小溪里蹚水，但是我告诉他不要下水，因为我觉得里面会有碎瓷片割伤他的脚。他十分想下水，所以不相信里面有瓷片；但是在我找到一块瓷片，并让他看了看锋利的边缘时，他就完全相信了。如果我只是为了省事而谎称有瓷片，我就会失去他的信任。如果我找不到碎瓷片，我就会允许他蹚水。由于这样的事发生了好几次，他几乎再也不怀疑我说的话了。

我们生活在一个充满欺诈的世界中，未受过欺诈的孩子必然会蔑视很多通常被认为是可敬的事情。这是令人遗憾的，因为藐视是一种不良的情绪。不应让孩子去注意这类事情，虽然当他问及这类事情时，我们应该满足他的好奇心。在一个虚伪的世界里，诚实会有些不利，但是无畏的益处要多于这种不利，不然就没人会诚实了。我们都希望自己的孩子正直、真诚、坦率和自重。就我个人而言，我宁愿看到他们因为诚实而失败，也不愿看到他们因卑鄙的手段来取胜。内发的自重和正直对于一个伟人来说是至关重要的，若有这些品德，说谎是不可能的，除非说谎是出于某种仁慈的动机。我要使我的孩子无论在思想上还是言语上都做到诚实，即使这样做要承受不幸也在所不惜，因为这比财富和荣誉更为重要。

第九章　惩罚

在过去，乃至不久前，对孩子进行惩罚一直被视为理所当然之事，并且人们普遍认为其在教育上是不可或缺的。我们在前面一章已经了解了阿诺德博士关于鞭挞的意见，他的观点在当时看来是格外人道的。卢梭赞成听其自然的理论，但是在《爱弥儿》一书中却偶尔主张相当严厉的惩罚。一百年前的观点，在《告诫篇》中有所体现，书中讲述了一个叫卡洛琳的小女孩因为想要粉色的饰带，但别人却给她系上了白色的饰带，而大吵大闹。

> 爸爸在客厅听到
>
> 卡洛琳大声喧哗
>
> 立刻奔到她跟前
>
> 毫不犹豫地鞭挞

当费尔柴尔德先生听见他的孩子们争吵，他就一边念着"让狗儿喜欢叫和咬"的诗句，一边用手杖打他们。接着他带他们去看用锁链挂在绞架上的尸体。锁链在风中哗啦作响，小男孩害怕不已，央求带他回家。但是费尔柴尔德先生强迫他看了很久，并说这就是心中充满仇恨的人的下场。看来这孩子注定要做牧师了，因此不得不用生动的亲身经历来学会如何描述遭天谴者的惨状。

如今，很少有人再提倡这种方法，即使田纳西州也不例外。但是谈到取代的方法，却众说纷纭。有些人依然主张相当程度的惩罚，也有些人认为可以完全废除惩罚。在这两种极端之间，还有许多其他不同的意见。

在我看来，我相信惩罚在教育中只占有极小的比重；但是我怀疑严厉的惩罚是否必要。我把训斥和谴责都算作惩罚。所需要的最严厉的惩罚是愤怒的自然表现。有几次，当我儿子对他妹妹粗鲁时，他母亲以冲动的叫喊表示愤怒。这样做的效果十分明显。我儿子突然哭了起来，直到他母亲多方安抚才感到安慰。孩子对此留下了深刻的印象，人人都可以看出来，自那之后，他对妹妹的态度好了许多。还有几次，当他坚持索要我们拒绝给他的东西时，或是他打扰妹妹的玩耍时，我们曾对他进行过轻微的惩罚。在这种情况下，当讲道理和训诫都行不通时，我们就把他独自带进一个房间，让门敞着，并告诉他，一旦改正错误，他就可以回来。在他痛哭了几分钟后，他从屋里走出来，而且确实改好了：他完全明白，回来就表明他同意改好。至今，我们也没有感到使用严厉惩罚的必要。如果根据旧式教育者的书来判断，用旧式方法培养出来的儿童要比现代儿童调皮得多。如果我儿子有《费尔柴尔德的家庭》里孩子一半的没规矩，我就会感到震惊；但是我认为这种情况应更多地归咎于父母，而非孩子。我认为讲道理的父母能够产生讲道理的孩子。必须让孩子感受到父母之情——而非义务和责任，因为孩子不会为此产生感激，孩子只感受得到父母对自己炽热的爱，拥有这种爱心的父母会对其孩子的表现及行为感到由衷地喜悦。除非情况特殊，向孩子颁布禁令的时候，应该仔细真诚地加以解释说明。小小的意外，比如磕碰和擦割，有时宁愿让它们发生，也不要干扰孩子或许莽撞的游戏——有时候正是这些经验才能让孩子相信你的禁令或许是正确的。若从一开始就能这样做，我相信孩子很少会做出什么应受重罚的事情来。

当一个孩子非要干扰其他儿童，或者破坏其他儿童的娱乐时，最有用的惩罚就是驱逐。必须采取某种措施，因为让其他孩子遭罪是极不公平的。但是让倔强的孩子仅仅感到有过错，是远远不够的，还应让他感受到正在错过其他孩子所正在享受的乐趣。蒙台梭利女士将她所采用的方法描述如下：

> 说到惩罚，我们曾多次遇到干扰别人且对我们的规劝置之不理的孩子。这种儿童立刻被送到医生那里检查。如果各项检查正常，我们就会在教室的一角为他单独放上一张小桌子，以此将他和其他人隔离开；我们让他坐在舒服的小手扶椅上，从他的位置正好可以看到正在工作的伙伴，同时给他几件他最喜欢的玩具。这种隔离总能使孩子安静下来，从他的位置正好可以看到所有的伙伴，而伙伴们进行工作的方式对这个孩子来说，正是一种"直观教学课"，这比教师的任何言语都要有用。渐渐地，他会认识到成为眼前群体中的一分子的好处，从而确实希望回去，并像其他人那样学习。我们就是通过这种方式，使所有起初似乎反抗纪律的儿童都变得遵守纪律。被隔离的孩子总是成为特殊关照的对象，仿佛他在病中。当我走进教室时，我总是先向他走去，仿佛他是一个婴儿。然后我把注意力转向其他孩子，检查他们的作业，问他们问题，仿佛他们是些小大人。我不知道那些需要受管教的孩子心里做何感想，但是他们

的转变确实是完全和持久的。学会上课和自律使他们扬扬得意，同时也对教师和我总是充满感激之情。①

　　这种方法的成功取决于旧式学校所不具备的几种因素。首先，要排除那些因病而行为欠佳的孩子。其次，使用这种方法需要策略和技巧。然而真正的关键点在于班上绝大多数的儿童表现良好，不守纪律的孩子感到自己违背了理应尊重的舆论。当然，对待一个以"捣蛋"出名的班级，情况就截然不同了。我不打算讨论处理这种班级的方法，因为如果一开始教育方法得当，是不会出现这种情况的。只要所教的东西有用且教法正确，儿童是喜欢学习的。在传授知识方面所犯的错误与幼儿期在饮食和睡眠方面所犯的错误完全一样：对孩子自己有益的事情反倒像是对大人的恩惠。孩子很容易认为吃饭和睡觉的唯一理由是大人希望他们这样做，这样就会让他们由于睡眠不足而导致消化不良。② 除非孩子生病，如果他不愿吃饭，那就随他意。我儿子过去总是被保姆哄着吃饭，结果变得越来越难伺候。有一天午饭时，他不想吃他的布丁，于是我们就把布丁拿走。过了一会儿，他又想要吃布丁了，但是那块布丁已经被厨师吃掉了。他怔住了，自那之后再也不和我们装模作样了。这种方法也适用于教学。那些不想上课的学生应当随他们去，但是必须要使他们感到不上课是乏味的。如果他们看到其他孩子在学习，他们很快就会吵闹着要学习，此时教师便可以施恩者的身份出现，揭开事情的本来面目。在我看来，每个学校都应有一个大房间，凡是不想学习的孩子都可以进去，然而一旦进去，这一天都不能再回教室上课。如果上课时表现

---

① 《蒙台梭利方法》，海尼曼，1912 年版，第 103 页。
② 参阅卡麦隆博士所著的《神经质的儿童》，第四、五章。

不好，他们也应该被送进这个大房间，以此作为惩罚。这看起来是一条简单的原则：惩罚应该是你希望犯错者感到厌恶的事，而不是他喜欢的事。然而，那些声称要让孩子喜欢古典文学的人，却总是以反复抄写拉丁文诗句作为一种惩罚。

轻微的惩罚对于轻微的过失，尤其是礼貌方面的过失，是有用的。对于幼儿来说，夸奖和责备是重要的奖惩形式；对于较大的孩子，若是这些出自受尊重的成人，也是重要的。我认为教育是离不开夸奖与责备的，但在这两方面都需要谨慎。第一，夸奖和责备都不应该采取比较的形式。不应对孩子说他比某某孩子做得好，或者某某孩子从不淘气：前者产生藐视，后者产生怨恨。第二，责备应比夸奖少得多。责备应当作为一种明确的惩罚，遇到脱离良好行为的意外错误才可以使用，并且在它产生效果后，不应再继续使用。第三，对于理所当然之事不应夸奖。对于勇气或技能方面的进步，以及在经过道德努力之后在财产方面做出了无私行为，我才会给予夸奖。在整个教育中，对于任何非同寻常的成绩都应给予夸奖。由于战胜困难、取得成绩而得到夸奖，是青少年时期最令人愉快的经历之一，对于这种愉快的渴求完全有理由成为次要动机，但不应成为主要动机。主要动机应当永远是对于事物本身的兴趣，不管这个事物是什么。

品格上的重大缺点，比如残忍，很少能通过惩罚来解决。或者说，在处理这类事上，惩罚只应占很小的比重。男孩子对动物残忍多少有点属于天性，若要防止，必须采取特殊的教育。非要等到你的孩子在虐待动物，才出面阻止并虐待你的孩子，是极不明智的办法。这只会让孩子希望如果没被你发现就好了。你应该关注以后可能发展为残忍的萌芽。要教育孩子尊重生命，不要让他看见你杀死动物，即使是黄蜂或蛇之类。如果你无法避免，就要认真讲明这样做的理由。如果孩子对比自己小的孩子稍不友善，你就立刻同样地对待他。他会表示抗议，此时你就需要向他解释：如果他不想受到这样的对待，那么他也不能这样对待别人。通过这种方式，孩子会意识到别人也有与他一样的情感。

使用这种方法的关键在于，应从幼小开始，应从小事开始。唯有对他人轻微的伤害，你才能照做。当你采用这种方法时，不要摆出惩罚的架势，而要做出开导的样子："看，你就是这样对待你妹妹的。"当孩子表示抗议时，你就说："好吧，如果这么做让你也不开心，你就不能这样对待妹妹。"只要事情并不复杂，孩子很快就会理解，并懂得应该尊重他人的感受。在这种情况下，永远不会发展出严重的残忍。

所有的道德教育都必须是直接及具体的：必须源于自然形成的情境，并且不可超越这个特殊事例应做的事。孩子自然会把这一道德应用到其他类似场合。掌握某一具体事例，并将类似的思考意见运用于类似的事例，比领会某一普遍规律再进行演绎要容易得多。不要泛泛地说"要勇敢，要友善"，而是应该鼓励他去做一件勇敢的事，然后再说"好样的，你是个勇敢的孩子"；让他允许妹妹玩他的玩具，当他看见妹妹喜形于色时，要对他说"很好，你是个善良的孩子"。这个原则也适用于对待残忍：留心它的细微开端，并阻止其发展。

如果你的一切努力无效，以后发展成严重的残忍，那么这件事就必须被严肃对待，并且像对待疾病一样加以处理。这样的孩子应当受到惩罚，以使他意识到自己将会遇到不愉快的事，就像他当年出麻疹时那样不愉快，但是不要让他产生一种罪恶感。应将他和其他孩子与动物隔离开来，并向他讲明，让他和他们待在一起是不安全的。应当尽可能让他认识到，假如他受到残酷的对待，他将会何等痛苦。还应使他认识到，如果他有残忍的冲动，将来必遭大祸，而他的长辈正在竭力保护他，以使他在未来免遭不幸。我相信，撇开少数病态的事例不谈，这种方法是完全有效的。

我认为体罚永远都是不正确的。轻微的体罚虽然几乎无害，但也毫无益处；严厉的体罚则一定会产生残忍和暴行。诚然，孩子对于惩罚者往往并无怨恨；如果经常实行体罚，孩子便会自行适应，并将其视为日常生活的一部分。但是这也会让他们养成这样一种观念，即为了维持权威而实行肉体上的惩罚是正当的——这种观念对于那些将来可能掌权的孩子来说是极其危险的。并且，这也会破坏父母与子女之间、老师与学生之间的坦诚信任的关系。现代的父母希望他们的孩子无论他们在不在场都不感到拘束，希望孩子看到父母走过来时感到开心；不希望当他们看着的时候，子女装出安息日般的宁静，而只要他们一转身，就变得无法无天。赢得孩子的真心爱戴是人生的一大乐事。我们的祖辈不知道有这种快乐，因此也不曾知道他们错失了这种快乐。他们教育孩子爱父母是他们的"义务"，但又使得这种义务几乎无法实现。就像在本章开始所援引的诗句中的卡洛琳，她就会很难对奔到她跟前"毫不犹豫地鞭挞"她的父亲生出爱戴之情。只要人们还固执地认为爱可以被命令成义务，他们就无法赢得孩子真正的爱。到最后，人类的关系依旧是严肃及残酷的。惩罚是这整个观念的一部分。奇怪的是，那些做梦都未想过动手打妇女的人，竟然会对一个毫无自卫能力的孩子痛下毒手。令人欣慰的是，近百年来，人们对于父母与子女关系的认识不断更新，因此惩罚的全部理论也已随之改变。我希望这些已在教育上占优势的开明观念，能够逐渐扩展到人类的其他关系中去；因为这些开明观念对处理人类其他关系的重要性不亚于对处理亲子关系的重要性。

第十章　伙伴的重要性

至此，我们一直在讨论父母和教师在儿童正确品格的塑造上能做些什么。然而还有许多事情，必须有其他孩子的帮助才能做到。随着孩子逐渐长大，这一点变得愈发明显；确实，同龄人的重要性在大学时期最为重要。在人生第一年的头几个月里，伙伴一点都不重要，在这一年的后三个月里，也只是稍微有些益处。在此年龄段，对婴儿有益的只是稍大一点的儿童。家中第一个孩子学习走路和说话通常都比后来的孩子要慢，因为成人在这些方面已经完善，孩子难以模仿。一个三岁儿童是一个一岁儿童的较好的榜样，一是因为前者所做的大部分事情也是后者需要完成的，二是因为前者的能力尚不高超。儿童会觉得其他儿童较之成人与自己更为相似，因此其他儿童的行为更能鼓舞他们的雄心壮志。只有家庭才能通过年长的孩子来提供这种教育的机会。大多数有选择机会的儿童都愿意和比他们大的儿童一起玩耍，因为那会使他们感到"高高在上"；但是这些年龄稍长的儿童却愿意和比自己更大的儿童玩耍，以此类推。造成的结果就是，无论在学校中，还是在贫民区，或是其他能任意选择玩伴的地方，儿童几乎都是和他们的同龄人玩耍，因为大孩子不愿和小孩子玩耍。因此，小孩子若想向大孩子学习，只得在家中进行。此事有一个缺点，那就是每个家庭总会有一个最年长的孩子，他是无法从此方法中获益的。随着家庭不断变小，长子的比例将会增加，所以这一缺点日趋明显。小家庭在某些方面对孩子不利，除非通过幼儿园来加以弥补。关于幼儿园，我们在之后将专门讨论。

大孩子、小孩子和同龄人都有各自的用处，但是由于前面所说的理由，大孩子和小孩子的用处主要限于家庭之内。大孩子的主要用处是做出可效仿的榜样。小孩子情愿付出巨大的努力，以取得加入大孩子游戏的资格。大孩子的行为是完全自然的，没有成人和儿童玩耍时的顾虑和假装。若成人缺少这种顾虑，其结果将是不堪设想的，因为成人有能力和权威，并且成人玩耍是为了使孩子高兴，而不是为了自己高兴。一个孩子总是会对自己的哥哥或姐姐言听计从，但对成人绝不可能如此，除非受过过度的纪律训练。让孩子学会以配角的身份合作，最好由其他儿童来教他；当成人试图教导时，会面对两种对立的危险——如果他们要求真正的合作的话，就会显得不友好，当他们满足于表面的合作时，就会显得刻意。我并不是说真正的或假装的合作应完全避免，而是说这种合作缺少大小孩子之间所具有的自发性，因此无法使双方都得到长时间的快乐。

在整个青少年时期，稍大一点的孩子在教育上都具有特殊的作用——不是正式的教育，而是一种课外时间的教育。稍大一点的孩子总是能够激励进取心，如果亲切和善，他们能比成人更好地答疑解难，因为他们拥有不久前克服困难的切身体验。我甚至到了大学时代，还能从比我稍大一点的人身上学到许多东西，而这些东西是从那些令人敬畏的先生那里学不到的。我相信，只要大学里的社交圈并不是过于受制于"年级"，这种经历是普遍的。当然，如果高年级的学生认为与低年级的学生来往会有失身份的话——这种情况时有发生——那么上述经历就不可能有了。

　　小孩子也有其用处，尤其是三到六岁的小孩子。这些用处主要与道德教育有关。只要小孩子与成人待在一起，他们就不会有机会实践某些重要道德，即强者与弱者相处时所需要的道德。必须教育孩子不能从弟弟妹妹手里夺东西；当弟弟妹妹无意中碰倒他的砖塔时，不要过分恼怒；自己不玩的玩具，别人想玩时，不要拒绝。必须教导孩子，弟弟妹妹很容易因为被粗暴地对待而受伤，当他因顽皮而把他们弄哭时，他应该感到内疚。为了保护小孩子，成人可以对大孩子突然地厉声训斥，虽然这种做法在其他场合未必合理，但是自有其效用，因为话来得突然，会使他们留下深刻的印象。所有这些都是有用的教育情境，用其他方式很难自然地施行。对孩子进行抽象的道德教育是愚蠢且浪费时间的，一切都必须是具体、真实的。很多事情在成人看来是种道德教育，但在孩子看来就像是在教他们如何使用锯子一样。儿童觉得成人是在教他们如何做事。这就是榜样如此重要的一个原因。孩子看见一个木匠做活，便会模仿他的行为；看见父母总是和蔼可亲，也会努力效仿。在任何事例中，威信都与孩子所要模仿的东西有关。如果你一本正经地教孩子如何使用锯子，但你自己却总是把锯子当斧头使，那你就永远无法把他教成一个木匠。如果你要求他善待妹妹，而你自己却不能善待她，那么你的所有说教都是白费的。由于这个原因，当你不得不弄哭小孩子时，比如清理鼻子中的污物时，你应当向大孩子认真地讲明原因。否则他很可能会奋起保护小孩子，让你停止虐待。如果你给他留下了残忍的印象，就会使他逐渐走向残暴。

　　虽然大孩子和小孩子都重要，但是同伴更为重要，至少从四岁以后是如此。对同等人的行为态度是最需要学习的。世界上现存的大多不平等都是人为的，如果我们不受其影响，是件好事。富人在厨子面前自觉高人一等，因此对待厨子与对待社会上的其他人不同。但是在公爵面前又感觉低人一筹，因此面对公爵时失掉自尊。这两种做法都是错误的：厨子和公爵都应当受到平等对待。在青少年时代，年龄能造成一种非人为的等级观念；但也正是由于这个原因，之后生活中应有的社会习惯最好在与同龄人的交往中习得。各种游戏在同等人中进行最好，学校里的竞争也是如此。在同学之间，一个儿童的重要性是由大家判定的；或许受到赞赏，或许遭到鄙视，但这完全取决于他自己的品格和本领。慈祥的父母造成过于放任的环境，严厉的父母则造成压抑本能的环境。只有同龄人才能给孩子提供一种自由竞争和平等合作的氛围，从而使其充分发挥本能。自尊而不专横、善解人意而不卑躬屈膝，最好在与同等人的交往中习得。由于上述原因，无论父母如何费尽心机，也不可能让孩子在家获得只有在一所好学校中才能获得的益处。

除了上述理由，可能还有一个更为重要的理由。孩子的身心健康需要大量的游戏，一岁以后若无其他孩子一同玩耍，他的欲望将很难满足。缺少玩耍，孩子就会变得不自然和神经质，他就会失去人生的乐趣并变得焦虑。当然，像约翰·斯图尔特·穆勒那样三岁开始学习希腊文，对普通儿童的乐趣全然不知，也是可能的。仅从求知的角度考虑，这样的结果或许是不错的，但是若全面地考虑，我则不敢苟同。穆勒在其《自传》中讲道，年轻时，他因想到音符的结合终归是有限的，新的乐曲将不会再被谱出，而差点自杀。这种烦恼显然是心力交瘁的一个症状。后来，每当他遇到一个或许能证明他父亲的哲学有误的论据时，他就会像一匹受惊的野马一样逃开，这种做法极大地降低了他的推理能力的价值。如果他是一个较为正常的青年，他的智慧也许会更富有韧性，从而在思想上更富有独创性。无论如何，这一定会赋予他更大的能力去享受生活。我本人在十六岁之前，也一直在接受单独的教育——虽然没有穆勒那么严格，但也缺少一般年轻人的乐趣。我年轻时也曾有过自杀的倾向，和穆勒所说的情形一样——我是因为想到了力学定律能控制我身体的运动，会使得意志仅仅成为幻觉，而萌生这个念头的。当我开始和同龄人交往时，我才知道自己是个固执自负的人。我现在改变了多少，还很难说。

尽管有上述种种根据，我依然认为还是有一定数量的孩子不宜上学，并且其中有些是非常了不起的人才。如果一个男孩在某方面具有反常的智能，但同时身体虚弱且神经过敏，他也许并不适宜加入正常男孩的行列，否则他也许会受迫害到发疯。异常的能力往往与心理的不稳定有关，在这种情况下，就应当采取特殊的、不能应用于其他正常男孩身上的方法。应当仔细观察他们异常的神经过敏是否具有某种确切的原因，并且父母应当尽力治疗。但是这种努力绝不应使孩子遭受巨大的痛苦，比如一个异常的孩子很容易受到野蛮伙伴的欺负。我认为，这种神经过敏通常是由于婴儿时期的照料不当，令婴儿的消化系统或神经系统发生了紊乱。只要婴幼儿时期能够得到正确照料，我认为每个婴幼儿都能正常成长，并且能够享受与其他孩子为伍的快乐。然而，总还会有些例外，而且更可能在那些拥有某些天资的孩子身上发生。在这些罕见的案例中，上学是不可取的，而较为隐蔽的生长环境则更为合适。

第十一章　爱与同情

至此，我一直未谈及爱，许多读者或许对此不解，因为在某种意义上，爱是良好品格的本质。我认为，爱和知识是正确品行的两种要素，然而在讨论道德教育的时候，我却始终未提及爱。我这样做的原因是，正确的爱应是恰当对待成长着的孩子的自然结果，而不是在各个年龄阶段所刻意追求的东西。我们必须知道理想的爱的种类，以及符合不同年龄的性情。从十岁或十二岁直到青春期，男孩往往非常缺少爱，即使企图强扭也是白费。在整个青春期，表达同情的机会都要比在成人期要少，一是因为缺少有效地表达同情的权利，二是因为青年人需要考虑自己的生活训练，从而无暇顾及他人的利益。由于以上原因，我们应当多注意成年人同情心和爱心的培养，而不宜过早地强迫青年人发展这些品质。我们现在讨论的问题，就如品格教育方面的一切问题，是科学的问题，属于或可称为心理动力学的范畴。爱不可能作为一种义务存在：告诉孩子爱父母、爱兄弟姐妹，即使是无害的，也是完全徒劳的。希望受到爱戴的父母必须注意自己的言行举止，从而能唤起孩子的爱，此外，还必须努力传授给孩子那些能产生博爱的身心特性。

不但不可命令孩子爱父母，而且不能做出以此为目标的事情。父母的爱不同于性爱。性爱的本质是寻求反应，这是很自然的，因为缺乏反应，父母之爱便不能实现其生物学上的功能。然而寻求反应并不是父母之爱的本质。父母之爱自然纯真，对待孩子就像对待身体的某一部分。如果你的大脚趾出了问题，你会出于自身利益而去护理它，并且你不会期望它充满感激之情。我想，再野蛮的妇女也会对孩子怀有极为相似的情感。她希望自己的孩子幸福，就像希望自己幸福一样，尤其是当孩子很小的时候。她关心孩子就像关心自己一样，不会产生自我牺牲的感觉；也正因如此，她不会期待回报。只要孩子不能自理，孩子对她的需要便是一种充分的报答。后来，随着孩子的长大，她的爱心可能减弱，她的要求却可能增加。在动物当中，一旦幼崽长大，父母的爱就随之结束，父母并不会对幼小动物提出任何要求；但是在人类中，即使他们极不开化，情况也不会如此。勇武的战士作为儿子，需要在父母年迈时照顾他们；埃涅阿斯和安喀塞斯的故事便在一个更高的文化水准上体现了这种情感。随着预见能力的增强，人类养儿防老的倾向日益增强。现已流行全世界并且体现在"第五诫"中的孝道，便是由此而来。随着私有财产和法治政府的发展，孝道的重要性将逐渐降低；若干世纪之后，人们将会了解这一事实，于是这种情感将不再风行。在当今的世界，一个五十岁的男子也许在经济方面还要依靠八十岁的父母，因此重要的东西依旧是父母对孩子的爱，而不是孩子对父母的爱。当然，这主要适用于有产阶级；在工薪阶层中，依然是旧的关系。但由于养老金和类似措施的出台，即使在工薪阶层中，旧的关系也在逐渐被取代。因此，孩子对父母的爱正在失去它在基本道德中的地位，而父母对孩子的爱却依然具有极大的重要性。

精神分析学家还曾提到过另一种危险，但我对他们所做的解释心存怀疑。我所指的危险与子女对父母其中一方的偏爱有关。一个成人，甚至一个少年，不应受到其父或其母的过度影响，以致不能独立地思考或感受。如果父母的性格比孩子强势，这种情况就容易发生。抛开极少数病态事例不谈，我不相信有"俄狄浦斯情结"，即儿子对母亲、女儿对父亲有一种特殊亲近的感觉。如果父母对孩子有特殊的影响，那么必定来自那个和孩子接触最多的人——通常是母亲——而与性别无关。当然，一个不喜欢母亲而又很少见到父亲的女儿也许会将后者理想化；但是产生这种影响的是幻想中的父亲，而非现实中的父亲。理想化就是将希望挂在一根钉子上：那钉子仅仅是一种寄寓，而与希望的本质无关。父母的不当影响与此极为不同，因为与它有关的是现实中的人，而不是幻想中的人。

常与孩子接触的成年人很容易支配孩子的生活，以致在后来的生活中，孩子摆脱不掉这种精神束缚。这种束缚或许是智力上的，或许是情感上的，或许二者兼而有之。前者的突出例子是约翰·斯图尔特·穆勒，他从不承认他的父亲或许也会失误。智力在某种程度上受制于儿时的环境是正常的——没有几个成年人能够摆脱父母或教师的束缚，从而拥有自己的见解，受某种大势所趋的情况或可除外。然而，有人可能坚持认为，智力上的束缚是自然和正常的；但我也认为，这种束缚可以通过专门的教育来避免。父母和教师的过度影响应当极力避免，因为在一个迅速变革的世界里，固守前人的观念是十分危险的。但是，我现在只考虑情感和意志上的束缚，因为这与我们本章的论题联系更紧。

被精神分析学家认为是罪恶的"俄狄浦斯情结"（我认为这是误导），源于父母一方对其子女情感反应的过分要求。正如我刚才所说，我认为纯粹的父母本能并不需要情感上的回应；孩子对父母依赖，以及他们对于父母保护和喂养的期待，就足以使父母本能得到满足。当依赖停止，父母的爱也会停止。这是动物中的情形，因为这已能使它们感到充分的满足。但人类的本能并非如此简单。我已经讨论过军事和经济因素在孝道宣传上的影响。现在我要讨论父母本能中两种纯粹的属于心理学方面的混乱根源。

第一种混乱是来自理智观察源自本能的欢乐。泛泛而论，本能会引发可能包含有利后果的愉快行动，但是最终后果也许并不愉快。进食是愉快的，但是消化并不愉快，尤其是消化不良的时候。性爱是愉快的，但是分娩并不愉快。婴儿的依赖是愉快的，但是长大成人后儿子的独立并不愉快。原始型的母亲从正在吮奶的幼儿身上获得极大的快乐，随着孩子的逐渐独立，这种快乐会逐渐减少。因此历来存在着这样一种倾向，即父母为了快乐，有意延长孩子的依赖期，并推迟孩子能够独立行事的时间。这种倾向在一些民间俗语中，如"拴在母亲的围裙带上"，有所体现。有人认为，对于男孩来讲，只有将他们送进学校，才能纠正这种恶习。但是对女孩来说，这就不算作恶习，因为人们认为应当使她们有依赖心理（如果她们是大家闺秀的话），并且人们希望她们结婚之后能像从前依赖母亲那样依赖丈夫。不过这种事情很少发生，由此引发了所谓"岳母"的笑话。笑话的目的之一在于阻止思考——上述笑话便非常成功地达到了这一目的。似乎没有人意识到，一个充满依赖思想的女儿自然会依赖母亲，以至于不可能全心全意地与一个男子结婚，而专一才是婚姻的本质。

第二种心理学上的混乱与正统的弗洛伊德学说较为接近。它是由于性爱的成分进入父母的爱而引起的。我不是指任何取决于性别差异的东西，而是指对于某种情感反应的欲望。性心理学的一部分——事实上，正是这部分使得一夫一妻制成为可能的制度——是成为某人心中第一位的欲望，即感到自己对至少一人的幸福至关重要的欲望。当这种欲望促成了婚姻后，只有其他若干条件也能实现，该欲望才能生成幸福。由于各种因素，文明国度的大多数已婚女子都未拥有满意的性生活。当这种情况发生在一位妇女身上时，她往往会从孩子身上寻找一种不合理的虚假的欲望满足，而这种欲望本来只有成年男子才能恰当自然地给予满足。我指的不是外显的情形，我指的只是某种情绪上的紧张、某种感情上的冲动、亲吻和爱抚时产生的快乐。这些情形若发生在一位充满爱心的母亲身上，在过去一直被认为是正当的。确实，正确与谬误之间的区别十分细微。如果像弗洛伊德主义者所认为的那样，父母完全不应亲吻和爱抚孩子，这是很荒谬的。孩子有权获得父母热烈的爱，这种爱会给予他们一种乐天、无忧无虑的世界观，同时其对孩子健全的身心发展也至关重要。但是这种爱在孩子看来应该是理所当然的东西，就像他们所呼吸的空气一样，而不应是期望他们给予回应的东西。而此事的关键就在于这个回应的问题。某种自然的回应自然是好事，但是它和伙伴之间主动追求友谊截然不同。从心理学上讲，父母应成为背景，而不应使孩子的行动以取悦父母为目的。父母的快乐应当是孩子的成长和进步，孩子给予父母的任何回应都应被高兴地视为额外的赏赐，就像春天里的好天气，而不应被视为自然规律的一部分。

不管精神分析学家如何说，父母的本能从本质上区别于性的本能，并且会因性情感的侵入而遭受破坏。适合和孩子打交道的女人，应是不会从孩子身上寻求本不该由孩子提供满足的女人。一个拥有幸福婚姻的女人无须努力便会是适合与孩子打交道的女人，但其他女人则需要某种几乎不可能具有的微妙的自制力才能做到这一点。当然，处于同一境况的男人也是如此，但是这种境况对于男人而言要少得多，这一方面是因为他们的父母本能通常不是很强烈，另一方面是因为他们很少感到性饥渴。

至于我们所期望的孩子对待父母的态度，也是我们需要明了的。如果父母对其子女有正确的爱，那么子女的回应必定正是父母所期望的。这些子女会在父母来时感到开心，在父母走时感到难过，除非他们正沉浸于某种有趣的活动；他们会在遇到身体或心理上的麻烦时，向父母寻求帮助；他们也敢于冒险，因为他们有父母的保护作为后盾——但除非在危险关头，否则这种感觉是很难被意识到的。他们希望父母回答他们的问题，解决他们的迷惑，帮助他们完成困难的任务。但父母为他们所做的事，大多不会被意识到。他们喜爱自己的父母，不是因为父母给他们提供了住宿，而是因为父母与他们一起游戏，教他们做新的东西，并且告诉他们世间的事情。他们会逐渐意识到父母是爱自己的，但是这应被当作一种自然而然的事情。他们对于父母的爱不同于对其他儿童的爱。父母的行动应考虑到孩子，孩子的行动则应考虑到他们自身和外部世界。这是本质的不同。孩子对于父母没有重要的职责。他的职责是长知识、长身体，只要他这样去做，健康的父母本能自然会得到满足。

如果我给大家留下了要减少家庭生活中的爱或爱的自然表现的印象，那么很抱歉，这并非我本意。我的意思是爱的种类有多种多样。夫妻之间的爱是一种，父母对孩子的爱是另一种，而孩子对父母的爱则又是一种。若将这些不同种类的自然的爱混为一谈，将会产生害处。我认为弗洛伊德学说在该问题上存在错误，因为他们并不承认这些本能上的差别。这使得他们在某种意义上对父母与孩子之间的关系持禁欲主义的态度，因为他们将亲子之爱视为不恰当的性爱。我认为，如果没有特殊不幸的情形，父母无须进行任何基本的自我克制。一对彼此相爱且爱其孩子的男女，应该能按照心灵的指引自然地行事。他们需要许多思考和知识，但是这些他们都能从父母之爱中获得。他们绝不应向子女要求那些仅从他们夫妻之间才能获得的东西，但如果夫妻关系足够幸福，他们也不会有这种冲动。如果孩子受到了恰当的照料，那么孩子将会对父母产生一种自然的、不会阻碍自己独立成长的爱。在这种情况下，所需要的不是禁欲主义的自我克制，而是由智慧和知识所适当引导的本能的释放和延伸。

当我儿子两岁四个月的时候，我去了美国，离家三个月。在我离开的这段时间里，我儿子十分开心，但是当我回家时，他更是狂喜不已。我发现他在花园门口焦急地等待。他抓住我的手，并开始带我看他感兴趣的一切。我愿意倾听，他愿意倾诉；我没有倾诉的欲望，他也没有倾听的意思。这两种冲动不同，但却和谐。至于故事，他愿意听，而我愿意说，因此也十分和谐。只有一次，这种情况被打破。当他三岁六个月的时候，我过生日，他母亲告诉他那天做的所有事情都要让我开心。听故事是他最喜欢的事。令我们吃惊的是，到了该听故事的时候，他竟然宣布要给我讲故事，因为那一天是我的生日。他讲了许多个故事之后，停了下来，说"今天的故事讲完了"。不过，这是三个月之前的事，此后他再也没有讲过故事了。

现在我要谈一个更为广泛的问题，其涉及一般意义上的爱和同情。由于父母有滥用权力的可能，父母和孩子之间会出现一些纠纷；在讨论一般问题之前，有必要先谈谈这些纠纷。

强迫孩子产生同情和爱心是不可能的。唯一可能的方法就是观察这些情感可以自发形成的条件，然后努力创造这些条件。毫无疑问，同情部分是属于本能的。当兄弟姐妹哭泣时，儿童会感到忧虑，并且也会跟着一起哭。当成人欺负孩子时，孩子们会一起激烈地反抗成人。有一次我儿子肘部受伤，正在包扎伤口，他妹妹（八个月大）在另一间房里听见了他哭，于是变得非常不安。她不停重复地说："约翰在哭，约翰在哭。"直到包扎完毕才不再说。我儿子看见他母亲用针从脚上挑刺，就急切地安慰说："妈妈，不疼。"他母亲因为想教育他遇事不要大惊小怪，就说疼。他坚持说不疼，而他母亲坚持说疼。于是他突然大哭起来，就像他自己脚疼一样。这种情形必定源于本能的肉体上的同情。这是建立更为复杂的同情的基础。显然，只要让孩子深切地意识到人和动物都有痛感，并且会在某些情况下感受到这种痛感，那么就无须进行任何更为深入的正面教育。但是，还有一个消极的条件：孩子绝对不能看到他所敬重的人做出不仁或残忍的举动。如果父亲打猎，或母亲对女仆说粗话，孩子就会沾染上这些恶习。

应当以何种方式、于何种时刻告诉孩子世间的罪恶，这是一个难题。在孩子的成长中，完全不让孩子知道战争、屠杀、贫困和可预防而未预防的疾病，是不可能的事情。到了某个年龄段，孩子应该知道这些事情，并且应将有关知识与以下坚定的信念相结合，即使人们遭受（或甚至允许）任何本可避免的痛苦，都是一件可怕的事。

我知道有些和平主义者希望教历史时不提及战争，并认为应尽可能使孩子对世上的残酷一无所知，越久越好。但是我不能赞成这种以无知为基础的"逃避的、隐匿的美德"。只要教历史，就应该实事求是地教。如果真实的历史与我们想要传授的美德相抵触，那么这种美德必定是谬误，我们最好放弃它。我完全承认，有许多人，其中包括一些品德极为高尚的人，觉得如实讲述会引起麻烦，但那是因为他们的道德存在缺陷。真正健全的道德只会因为充分了解世上实际发生的事情而得到加强。被我们所蒙蔽的年轻人一旦发现世间竟然存在邪恶，便会乐于去做，我们绝不可冒这样的险。如果我们不教育孩子痛恨残酷，他们就不会避免残酷；如果他们不知道残酷的存在，也就不会痛恨残酷。

尽管如此，使孩子了解罪恶的正确方法，并不易发现。当然，那些住在大城市贫民窟中的人很小就会知道诸如酗酒、争吵、打老婆之类的事。若有其他事情的影响与此相抗衡，那么这对他们或许并无伤害；但是谨慎的父母绝不会有意让很小的孩子去看这类场景。我认为其中重要的原因是，这类场景会引起孩子极大的恐慌，以至于影响他们的一生。孩子没有自卫能力，当他第一次知道孩子也会遭受虐待时，必会深感恐惧。我第一次读《奥列佛·特维斯特》大约是在我十四岁的时候，但它已使我恐惧不已，如果我再小一点，恐怕无法经受这种情绪。只有当孩子长到足够大、能够镇静地面对可怕的事情的时候，才能让他们知道这些事情。这一时期的到来有早有迟：那些有想象力或胆怯的小孩，与那些迟钝的或胆大的小孩相比，需要更长的保护期。在让儿童了解残酷之前，应该使他们因期望仁义而确立无畏的坚定思想。选择时机和方法则需要机智和判断，这不是能由一条规则来决定的。

然而，还是有些应当遵守的准则。首先，诸如《蓝胡子》和《杰克——巨人杀手》这类故事与暴行无关，并不会引起我们正在讨论的问题。对于孩子来说，这些故事纯属虚构，他永远不会将故事与现实世界联系起来。毫无疑问，孩子从这些故事中所得到的快乐与野蛮的本能有关，但这在弱小的孩子身上，只是一种无害的游戏冲动，并且会随年龄的增长而逐渐消失。然而，当初次向孩子介绍真实存在的暴行时，必须谨慎地选择那些能让孩子站在受害者而非施暴者一边的事件。孩子身上的野蛮性有时会让他爱听那种让他充当暴君的故事：这种故事容易产生帝国主义者。但是亚伯拉罕准备牺牲以撒的故事，或是母熊杀死以利沙所诅咒的孩子的故事，却会自然地引起儿童对另一个儿童的同情心。如果讲述此类故事，应该以揭示古人的凶残为目的。当我还是个小孩时，听过一次一小时的关于以利沙诅咒孩子有理的布道。幸运的是，我当时到了足以认为那牧师是个蠢人的年龄，否则我恐怕会被吓得精神失常。亚伯拉罕和以撒的故事更为可怕，因为残忍对待他们的正是其亲生父亲。如果这类故事以假定亚伯拉罕和以利沙为道德高尚之人的口吻讲出，这些故事要么毫无影响，要么会极大地降低孩子的道德水准。但是若以介绍人类罪恶为目的，那么这些故事是有益的，因为这些故事是逼真、遥远和虚构的。《约翰王》中休伯特挖掉小阿瑟眼睛的故事也可用作同样的用途。

其次，教历史时也许应学习所有的战争。但在介绍战争时，应当首先对战败者表示同情。应当从能使听众对战败方产生同情的战争讲起，比如在教英国儿童时，应首先教哈斯廷斯战役。要强调战争所造成的创伤及苦难。应当逐渐引导孩子对战争不带任何党派偏见，并且把双方都视为任性的蠢人，应当让保姆把他们都抱上床，直到学乖了才能下来。应把战争比作幼儿园里孩子间的打闹。我相信，通过这种方式，孩子能够看到战争的本质，并且意识到战争是愚蠢之事。

如果有不仁或残酷的事件被孩子注意到，应当与孩子进行充分的讨论，弄清那些事情的道德是非，并且指出行为残忍之人都是愚蠢之人，由于未受过良好的教育而没有良好的追求。但如果孩子并未自发地观察现实世界中的这类事情，就不应当唤起孩子的注意，除非他从历史课和故事中对这类事实变得逐渐熟悉。然后才应该告诉他发生在周围的罪恶。但是要始终让他感到，罪恶是会被打败的，因为它们是无知、无自制力和坏教育的产物。不应当鼓励孩子对作恶者表示愤怒，而是要把他们当作不知幸福为何物的蠢货。

若有本能的根源，广泛的同情心培养主要是个智力问题：它取决于正确地唤起孩子的注意力，取决于对独裁主义者所要隐瞒的事实的了解。以托尔斯泰对拿破仑获胜后视察奥斯特利茨战场的描写为例。大多数史书只记载到这场战役的结束，但是托尔斯泰通过在战场多逗留十二个小时这种简单的方法，将一个完全不同的战争场景呈现了出来。这种做法非但不隐瞒真相，而且提供了更多的事实。适用于战争的做法也适用于其他残酷的行为。在所有这些情境中，强调道德是不必要的，正确地叙述事件已经足够。不要去进行说教，而是要让事实在孩子的心灵上自然地产生道德。

关于爱还要再说上几句，因为爱与同情不同，爱在本质上必然是有选择性的。我已讨论过父母与孩子之间的爱，现在我要讨论一下同等人之间的爱。

爱不能被创造，只能被解放。有一种爱部分根植于恐惧——孩子对父母的爱就有这种成分，因为父母能提供保护。在儿童时期，这种爱是自然的，但是在那之后这种爱便不可取了，而且即使在儿童时期，孩子之间的爱也不属于这一种。我的小女儿很爱她的哥哥，尽管他是这世上唯一欺负过她的人。同等人之间的爱是最好的爱，它几乎总是产生于那些快乐和无惧的人。恐惧，无论有意识还是无意识，都极易引发仇恨，因为在这种人眼里，别人都有伤害他的可能。照目前的情形看，大部分人由于嫉妒而不能产生普遍的爱。我认为只有快乐才能预防嫉妒，道德上的约束难以对付潜意识中的嫉妒。而快乐，则主要被恐惧所阻碍。有机会获得愉快的年轻人往往因父母以及所谓"朋友"的干涉，而不能获得愉快，名义上是由于道德的缘故，实际上是出于嫉妒。如果年轻人有足够的胆量，他们就会对这些无事生非者不屑一顾，否则他们就是自讨苦吃，同那些心怀嫉妒的说道者同流合污了。我们所讨论的品格教育旨在产生快乐和勇气，因此，我认为我们应当尽量解放爱的源泉。除此之外的任何事，都不能去做。如果你告诉孩子应当去爱别人，那就有产生虚伪小人的危险。但是如果你使他们自由愉快，如果你对待他们仁慈友好，他们自然而然会善待他人，而他人也会同样善待他们。一颗真诚的爱心总能证明其自身的合理性，因为它会产生不可抗拒的魅力，创造出所期望的反应。这是从正确的品格教育中渴望获得的最重要的成果之一。

第十二章　性教育

性的话题是一个被迷信和禁锢团团包围的话题，因此我带着战战兢兢的心情来讨论这个话题。我担心一旦将我前面所提到的各项原则应用于性领域，那些原已接受这些原则的读者反而会产生怀疑；他们也许乐于承认无畏和自由对孩子有利，但是一涉及性问题，他们就想使孩子盲从和恐惧。我不能限制我自信认为完全正确的原则，我要像对待构成人类品格的其他冲动那样来对待性问题。

性是很特殊的，其中具有一个禁忌与完全无关的特点，即这种本能成熟得较晚。正如精神分析学家指出的那样（尽管有些夸大其词），性本能在儿童时期并非没有。但是它在儿童时期的表现与成年时期不同，要缓和得多，而且对于一个男孩来说，要像成人那样放纵，在肉体上也是不可能的。青春期潜伏着情绪危机，而当这种危机掺和进智育中，所造成的混乱给教育者提出了许多难题。其中许多难题，都不是我将要讨论的，我要讨论的主要是青春期以前所要做的事。这方面的教育改革最为迫切，尤其是在婴幼儿时期。尽管在许多细节问题上，我并不赞同弗洛伊德的观点，但我认为他们做出了一个极有价值的贡献，即指出以后生活中的精神紊乱，多由婴幼儿时期的性问题处理不当所致。他们的工作在这方面已经产生普遍有益的效果，但仍存在大量偏见需要克服。当然，将幼儿交给完全未受过教育的妇女照看几年的习惯将加剧这种困难，因为我们不能指望她们知道，更谈不上相信，学者为避免受到淫秽的诉讼而做出的冗词赘句的议论。

　　按照先后发生的顺序来考虑我们的问题，母亲和保姆最先遇到的问题是手淫。据这方面的专业权威所述，这种行为在两岁和三岁的儿童中极为普遍，但是随着年龄的增长会逐渐消失。手淫有时会因为本可避免的肉体刺激而加重（深入讨论医学细节不属于我的领域）。但即使没有这些特殊的原因，手淫也会发生。人们总是把手淫看得很可怕，并且以恐吓的方式来加以制止。一般来说，尽管这种恐吓被普遍认为会有效，但其实一般都不会奏效，并且结果就是，孩子时常处于恐惧之中，这种状况很快就会与最初的原因（已被压抑进潜意识）无关，但会长久地引起噩梦、神经质、妄想和疯狂的恐惧。若听其自然，幼儿期的手淫显然不会对健康产生不良影响，[①] 对品格也不会；在这两方面所观察到的不良影响，似乎都应归咎于制止手淫的企图。即使手淫有害，也不应颁布无人会真正遵守的禁令；而且从手淫的本质来看，即使你禁止，孩子也未必会听你的。如果你不加干涉，这种行为也许很快就会停止。但如果你强行干涉，你就会使停止手淫的可能性大大降低，并且还会为精神紊乱奠定基础。因此，手淫虽然是个问题，但还是让孩子自便为好。我并不是说除禁令外，其他行之有效的方法也不能用。例如，让孩子困倦的时候才上床，以免他长时间醒着躺在那里；在床上放几件孩子喜爱的玩具，以分散他的注意力。诸如此类的方法是绝对可用的。但是如果这类方法无效，也不要颁布禁令，甚至不能让孩子注意到他已沉溺这种行

_____

　　① 对极少数的孩子有轻微的损害，但极易治愈，而且损害并不比吮大拇指的损害大。

为。以后手淫很可能会自然而然地停止了。

性方面的好奇心通常开始于三岁，其表现形式是对男人和女人、成人和儿童之间的差别感兴趣。从本质上来说，这种好奇心在幼儿期并无特殊的意义，而只是普通好奇心的一部分而已。然而由于成人对此保持神秘，这种好奇心对于那些受传统教育养大的孩子便有了特殊的意义。其实，只要没有神秘的事物，好奇心一旦被满足就会消失。只要有自然的机会，从最开始儿童就应被允许看见父母和兄弟姐妹的裸体。无论采取哪种方式，都不要大惊小怪——孩子不会知道人们对于裸体还有感觉（当然，他以后还是会知道的）。孩子很快就会注意到父亲母亲在身体上的不同，并且会将这些差异与兄弟姐妹联系起来。然而，此事一旦观察到这种程度，它就会像时常敞开的衣柜一样失去吸引力。当然，在此期间孩子所问的任何问题都必须回答，就像回答其他方面的问题一样。

回答问题是性教育的主要部分。有两个原则必须贯彻其中。第一，要永远真实地回答问题；第二，要像对待其他知识一样对待性知识。如果孩子问到有关太阳、月亮、云彩、汽车或蒸汽机的问题，你会感到高兴，并且会尽量仔细地予以回答。对问题的回答是幼儿教育非常重要的组成成分。但如果孩子问到有关性的问题，你可能会说"嘘，嘘"。即使你不这样做，你也会非常简短冷漠地回答，而且还可能面露尴尬。孩子会立马注意到这种细微差别，这样你就不经意地奠定了孩子好色的基础。你必须像回答其他问题那样，充分而自然。即使在下意识中，你也不要让自己认为性是丑恶肮脏的。否则，你的这种感觉会自动传递给孩子。他必然会想到，父母之间的关系未免有些龌龊，以后就会断定父母生他的行为也是龌龊的。儿时的这种感觉不可能产生本能的快乐情绪，不仅在青少年时代如此，在成人生活中也不例外。

　　如果孩子有弟弟或妹妹要出生，那么当他大到能提出有关问题时，比如说三岁以后，就可告诉他，孩子是在母亲的身体里长成的，并且告诉他，他也是以相同的方式长成的。让孩子看看母亲给婴儿喂奶，并且告诉他，他也曾这样吃过奶，所有这些，应像其他与性有关的事情一样，应以纯科学的态度自然地讲明。一定不要告诉孩子这些是"母亲神秘而圣洁的功能"——所有事情都要完全实事求是。

　　如果家里未添新成员，那么当孩子大到能提出相关问题时，这个问题恐怕要由"这发生在你出生之前"这类话题引出。我发现我儿子至今仍很难理解曾经有个他不存在的时期：如果我给他讲金字塔的建造或其他事情，他总是会问那时候他在哪里，当被告知那会儿还没有他时，就会困惑不已。他迟早会知道"出生"意味着什么，到那时我们将告诉他。

　　父亲的生育作用在问答时通常不大可能涉及，除非发问的孩子住在乡下。然而至关重要的是，孩子应该首先从父母或教师那里获取相关知识，而不是从教育不良因此思想下流的孩子那里获得。我清楚地记得，我是在十二岁那年从另一个男孩那儿获知此事的：他用亵渎的态度对待整件事，把它描绘成一个淫秽的趣闻。那是我这代男孩子的普遍经历。结果就是，大部分人一生都将性视为滑稽下流之举，并导致他们不能尊重与之发生关系的女性，即使她是他们孩子的母亲。虽然父辈们必定知道他们初次获得性知识的经历，但父母往往还是实行听天由命的怯懦政策。我不能想象这样一种做法如何能有助于孩子心智或道德的健全发展。性欲从一开始就应被视为自然的、快乐的以及正当的。不这样做就会破坏男女之间和亲子之间的关系。最佳状态的性欲存在于彼此相爱，也爱子女的父母之间。相比从下流话中了解性关系，孩子首先从父母之间了解性会更好。如果孩子把父母之间的性生活当作隐瞒的罪恶秘密，会更加糟糕。

如果性问题不至于受到其他孩子的不良教唆，那么就可以随孩子的好奇心而自然发展，父母只用负责回答他们所提出的问题即可——不过总要让孩子在青春期以前了解一切。当然，这的确是绝对必要的。让一个男孩或女孩毫无准备地承受该时期身心的变化，未免有些残忍，因为他们会认为自己得了什么可怕的病。另外，在青春期之后，任何性问题都会具有极大的刺激，以至于孩子不能以科学的态度接受教育，而这在青春期之前是完全可能的。因此，除了要避免污秽的对话，还应当让孩子在青春期到来之前了解性行为的本质。

至于应在此之前多久传授这种知识，则应视情况而定。好奇心强烈、思维活跃的儿童应当比一个迟钝的儿童被传授得早。无论孩子多大，只要他问，就应回答他。而且父母的态度应当和蔼，让孩子想知道的时候就会问。如果孩子不主动发问，那么无论如何也要在他十岁之前向他讲明这些问题，以防之后他从别人的淫言秽语中了解这些事。因此，或许可以通过讲解动植物的繁衍来激起儿童的好奇心。切不可过于郑重其事，比如，讲之前清清喉咙，来一段开场白："我的孩子，现在是时候告诉你一些事情了。"应把这当作一件普普通通、天天发生的小事，而这也是最好采取问答形式的原因。

对待男女儿童应该一视同仁，我想如今这已没有争辩的必要。当我还小的时候，"大家闺秀"出嫁时对婚姻是一无所知的，婚后才从丈夫那里获得，但是最近几年没再听过有这种事了。我认为大多数人现在都会承认，依赖无知的美德是无价值的，女孩和男孩一样拥有求知的权利。如果还有人不认可这件事，那么他们不大可能阅读这本书，也就没有与他们辩论的必要。

我不打算讨论狭义的性道德。对于该问题，很多人意见不一。基督教徒和伊斯兰教徒的观点不同，天主教徒和对离婚宽容的新教徒的观点不同，自由主义者与中世纪主义者的观点也有别。做父母的都希望用他们所信仰的性道德来教育孩子，我也不希望政府对此进行干涉。但是撇开有争议的问题不谈，仍有许多共同之处。

首先是卫生问题。年轻人在有可能患性病之前，应当了解这方面的知识。应当真实地告诉他们风险，不应为了道德而夸大其词。他们应该学会如何避免和治疗性病。只提供道德完美之人所需要的指导，而将其他人遭遇的不幸视为罪有应得，是错误的。若这样的话，我们也许会对那些在车祸中受伤的人视而不见，因为开车莽撞也是一种罪恶。况且在这两种情形中，惩罚都有可能落到无辜者身上——正如没有人认为一个被司机不慎撞倒的人有罪一样，也不会有人认为生下来就染上梅毒的孩子有罪。

年轻人应该认识到，生育孩子是一件十分严肃的事情，若不能保证孩子日后的幸福和健康，就不可轻率决定。传统观念认为，婚姻以内的生育总是合理的，即使孩子生得频繁，使母亲的身体受到了损害，即使孩子有病或痴呆，即使温饱无法保证。这种观念现在只有残酷的教条主义者还在坚持，他们认为人类的耻辱之事能够增加上帝的荣耀。只要是爱护孩子，或不以伤害弱者为乐的人，都会反对这种残酷的观念。关心儿童的权利及重要性，包括由此包含的一切事项，应当成为道德教育的实质部分。

应当教育女孩子期待有一天自己会成为母亲，她们应当获得一些作为母亲所需要的知识。当然，男孩和女孩都应学习一些生理和卫生知识。应当让他们明白，缺乏爱心不能成为好父母，但即使有了爱心，大量的知识也是需要的。缺乏知识的本能，就像缺乏本能的知识一样，都不足以去养育孩子。对知识的必要性理解得越深，有知识的女子就越为母亲的身份而吸引。目前，许多受过高等教育的女子都会鄙视生子，认为做母亲无法让她们施展才华，这真不幸，因为如果她们专心去做，必定会成为最好的母亲。

关于性爱，还有一个非常重要的问题。不应将嫉妒视为对权利的正当维护，而应视为嫉妒者的不幸和错误行为。若让占有欲侵蚀爱，爱就会失去活力，而且会慢慢吞噬个性；反之，爱情会完善个性，带来更热烈的人生。过去，父母因鼓吹爱是义务而破坏了他们与孩子之间的关系；而如今，丈夫和妻子仍经常因同样的错误而破坏他们彼此的关系。爱不能成为义务，因为它是不受意志控制的。爱是来自上天的礼物，而且是上天赐予的最好的礼物。禁锢爱情就是毁坏美与乐，这两者只有在自由和自然的状态下才存在。恐惧因此再次成为敌人。一个害怕失去幸福的人，其实已经失去了幸福。此事与其他事情一样，无畏是智慧的本质。

第十三章　幼儿园

在之前的章节中，我已讲过如何培养孩子那种有助于他们以后幸福生活和有作为的习惯。但这些习惯应由父母培养，还是应由专门的学校培养，尚未讨论。我认为，支持幼儿园的根据已占据了绝对优势——它不仅适用于贫穷、无知和过度辛劳家庭的孩子，而且适用于所有孩子，至少是那些住在城市里的孩子。我相信，在玛格丽特·麦克米伦小姐于德普特福德开办的保育学校里，孩子所接受的教育要优于任何富家子弟目前所能接受到的教育。我希望看到与此相同的机构扩大到面向所有儿童，无论贫富，均能受益。但是在讨论实际的幼儿园之前，让我们先了解一下应当设立这样一种机构的原因。

首先，从医学和心理学的角度看，幼儿期具有不可估量的重要性。这两方面具有极为密切的联系。例如，恐惧会使孩子呼吸困难，而呼吸困难又会使孩子易患各种疾病。[①] 这种联系不胜枚举，任何人都无法在缺乏医学知识的情况下培养好孩子的品格，无法在缺乏心理学知识的情况下却能保持孩子的健康。在这两方面，所需的知识大多极为新颖，并且许多都与悠久的传统背道而驰。比如纪律的问题。管教孩子的重要原则是：既不要屈服，也不要惩罚。普通父母有时为了能得到片刻的安

① 关于这个问题，可参阅玛格丽特·麦克米伦所著的《幼儿园》，第 197 页。

静，会对孩子让步；而正确的方法是，将忍耐力与启示力结合起来。这是心理学的例子，而新鲜的空气则是医学上的一个例子。若被照料得当，孩子们会得益于日夜不断流动的新鲜空气和适量的衣物。但若照料不当，就要注意伤风感冒的风险。

照料孩子的技术新颖且有难度，因此不能期望做父母的都拥有掌握这门技术的能力和时间。就未受过教育的父母而论，这是显而易见的；他们不知道正确的方法，如果教他们，他们也不信。我住在临海的农业区，这里很容易买到新鲜的食物，并且天气也从不太冷或太热——我之所以选择这个地方，主要就是因为这里对孩子的健康十分有益。然而，几乎所有住在这里的农夫、店主及其他人的孩子都显得面色苍白，衰弱无力，这是因为他们暴饮暴食，玩耍又受到限制的缘故。他们从不去海边，因为脚沾上海水被认为是危险的。即使在最炎热的夏天，他们在室外也总是穿着厚厚的呢子外套。如果他们玩耍时大声喧哗，大人们就要设法让他们举止"文雅"。但他们却被允许晚睡，并能得到各种不适合孩子吃的垃圾食品。他们的父母无法理解为何自己的孩子至今仍未死于受凉及长时间暴露在室外，但是任何现实的教训都不能使他们相信自己的方法还有待改进。他们既不贫困，也不缺少爱心，但是他们因为不良教育而顽固愚昧。至于那些贫困且操劳过度的城市父母，其危害自然更大。

但即使受过高等教育，尽心尽力且并不太忙的父母，能够给孩子的教育也比不上幼儿园。首先，这些孩子在家不能收获同龄的小伙伴。如果家庭规模如现在许多家庭那样小，孩子很容易受到长辈的过度照料，以致变得神经质和早熟。而且，父母不可能具有管理众多儿童的经验，因此缺乏把握。只有富人才能提供最适合孩子的地方和环境。这些条件若由私人专为一家孩子提供，便会让孩子产生自负感和优越感，而这在孩子的道德培养上是极为有害的。由于上述原因，我认为只要附近有幼儿园，即使有最称职的父母，也应当把他们两岁以上的孩子送进合适的一所幼儿园，至少白天要有部分时间在园。

目前，根据父母的状况设有两种幼儿园。一种是为富人子女开设的福禄贝尔式和蒙台梭利式的，另外一种是少数为穷人子女开设的。在后者中，最出名的是麦克米伦小姐开办的幼儿园，前面提到的那本书对此有详细记述，每个热爱儿童的人都应拜读。我倾向于认为现存的为富人子女开办的幼儿园中，没有一所能赶得上她办的幼儿园，部分是因为她收的孩子更多，部分是因为她不受中产阶级强加于教师的琐事的烦扰。如果可能的话，她旨在接收一到七岁的孩子，虽然教育当局倾向于孩子应当五岁上学的观点。孩子们早上八点来，下午六点才离开。他们各餐都在学校进食。尽可能在室外活动，在室内的话也会保证充足的新鲜空气。在孩子获准入园前，他们需要接受体检，若有疾病，便在诊所或医院接受治疗。入园后，孩子们一直都很健康，很少有例外发生。园内有一个很大很美的公园，孩子们大部分时间都在里面玩耍。教学主要采用蒙台梭利式方法。午饭之后，所有儿童都要睡觉。虽然在晚上和周末他们不得不待在贫困不堪的家里，或许与地窖里喝得烂醉的父母在一起，但是他们的体力和智力并不在中产阶级最出众的儿童之下。以下是麦克米伦小姐对于她园内七岁孩子的描述：

> 他们几乎都是身材高大挺直的孩子。的确，即使不够高，也都是挺拔的，并且皮肤洁净、眼神明亮、头发亮泽，与富家子女比也略胜一筹。关于他们的身体状况就说这么多。在精神

上，他们活泼、随和，对生活和新经历充满憧憬。他们能完美
地或接近完美地阅读和拼写。他们写得很好，并且能轻松地表
达自己的想法。他们能说一口流利的英语和法语。他们不仅能
自学，还能在数年间不断地帮助更小的同学；他们能计算、测
量和设计，并且做好了学科学的准备。他们入园后的头几年是
在友爱、平静和有趣的氛围中度过的，最后两年则充满着有趣
的经历和实验。他们懂得一些园林知识，曾栽过花，并照看过
动物和植物。这些七岁的孩子也能跳舞、能唱歌、玩许多种游
戏。不久将有数千名这样的儿童进入小学。应当怎样对待他们
呢？我首先想要指出的是，小学教师的工作会因为这些来自底
层的清澈的、强壮的年轻生命而有所改变。幼儿园要么毫无价
值，或者说是一种新的失败，要么就会很快对小学、对中学都
产生影响。它将提供一种新的受教育者，这不仅迟早会影响所
有学校，还会影响我们的社会生活，影响人民的政府和法律的
性质，影响我国和其他国家的关系。

我认为这绝非夸大其词。如果幼儿园得到普及，就能在一代人之内
消除目前因阶级而存在的根深蒂固的教育差别，并且能使所有公民都享
有眼下仅限于那些最幸运者才能享有的身心发展，还能根除阻碍进步的
疾病、愚昧和残酷。根据《1918 年教育法》，幼儿园应由政府拨款开
办，但是当格迪斯议案通过之后，他们又认为建造巡洋舰和新加坡船坞
更加重要，以便对日作战。目前，政府每年耗资六十五万英镑来引诱人
民食用英联邦自治的含防腐剂的咸肉和黄油，而不愿让人民食用丹麦的
纯质黄油。为了达到这一目的，我们的孩子得遭受疾病、贫困和闭目塞

听的痛苦，若将每年所耗费的这笔经费用于开办幼儿园，一大批孩子便可幸免于这些痛苦之中。现在母亲们都有选举权——将来她们会学会行使这一权利为孩子谋幸福吗？

撇开这些泛泛的考虑不谈，人们还必须认识到，正确照料幼儿是父母难以达到完美的高难度工作，并且它与日后学校里的教学截然不同。再次引用麦克米伦小姐的话：

> 幼儿园里孩子的体质很好。不仅身处贫民窟的孩子不能与之相比，就连富人区的中产阶级的孩子也不能及。显而易见，父母只有亲子之爱和责任心是不够的。单凭经验的做法已全面失败。无知的亲子之爱也已失败。但儿童的调养不曾失败。这是一种需要极高技巧的工作。

关于经费问题，麦克米伦小姐说：

> 现在一所有 100 名儿童的幼儿园，每年人均经费 12 英镑便能运作，这个数目就连住在贫民窟的家长也能缴纳三分之一。雇在校生当老师的幼儿园开销会大一些，但是所多花的钱大部分被用作这些未来教师的各项费用及生活费。一所有 100 名儿童和 30 名学生的野外幼儿园和培训中心，每年约需 2200 英镑。

麦克米伦小姐还说：

> 幼儿园的一大好处是，能使儿童提前完成当前的课程。但他们

在小学度过一半或三分之二的学习时光时，他们就可以提前学习更
深的课程……总之，如果幼儿园能够真正成为一个培养孩子的地
方，那么它不仅能把孩子"照管"到五岁，而且还将有力且快速地
影响我们整个教育系统。它将从小学开始迅速提高各级学校的文化
水准和成就。它将证明，我们所居住的这个多病而贫困的世界，这
个将医生看作比教师更重要的世界，是可以被推翻的。它将使学校
沉重的围墙、可怕的大门、坚硬的操场以及阴暗空大的教室，看起
来奇怪无比。它将给教师提供新的机遇。

幼儿园的职能介于早期的品格训练和日后的文化教育之间。在幼儿
园里，这两件事同时进行，相互补充，并且随着孩子不断长大，文化教
育的比重不断增加。蒙台梭利女士就是在具有类似功能的机构中来完善
她的教学方法的。在罗马的大量出租屋中，有一间大房子专为三到七岁
的孩子准备，蒙台梭利女士曾主管这些"儿童之家"①。像在德普特福
德那样，这些孩子也来自穷人家庭；其结果也表明，早期的关照能够解
决恶劣家庭条件给孩子身心造成的负面影响。

值得注意的是，自塞甘以来，幼儿教育法的进步均来自对白痴和弱
智者的研究，这两种人在智力的某些方面仍处于婴儿期。我认为这种绕
道必要的原因在于，精神病人的迟钝不应受到责备，也不可由惩罚来进
行矫正——没有人认为阿诺德博士的鞭笞法能够消除他们的"懒惰"。
因此，他们总是受到科学而非粗暴的对待；如果他们不理解，老师也不
会对他们大声咆哮，告诉他们应该感到羞耻。如果人们能以科学的而非
道德化的态度对待儿童，他们就能用已知的方式教育孩子，而无须先去

---

① 参阅蒙台梭利所著的《蒙台梭利方法》，海尼曼，1912年版，第42页之后。

研究智力障碍者了。"道德责任"的观念要对许多罪恶"负责"。假设有两个孩子，一个有幸进入幼儿园，而另一个则被留在难以补救的贫困家庭中。如果后者长大后不及前者，那么他应负"道德责任"吗？他的父母因无知和疏忽而未能教育他，他们应负"道德责任"吗？富人在公学里被训练得既自私又愚蠢，以致宁愿要愚蠢的奢侈生活，也不愿创立幸福社会，他们对此应负"道德责任"吗？所有这些人都是环境的牺牲品，他们的性格在幼儿时期被扭曲，智力又在学校里遭受压抑。只因他们未拥有原本可能拥有的幸运，而去认定他们应负"道德责任"，并对他们横加指责，是毫无意义的，因为他们也是不幸者。

在教育上和其他人类事务上一样，只有一条进步的路，那就是：为爱所支配的科学。没有科学，爱是无能为力的；没有爱，科学是具有破坏性的。在幼儿教育方面做出贡献的，都是那些热爱孩子的人，都是那些懂得用科学施教的人。这是我们从女子高等教育中得到的好处之一：在过去，科学和对孩子的热爱共存的可能性要小得多。我们手中的科学有着塑造年轻心灵的力量，这种力量一旦被滥用，就会产生极为可怕的后果——它若落入坏人之手，则可能产生一个比原始世界更为混乱和残酷的世界。教育工作必须以爱为出发点，必须以培养儿童身上的爱心为目的。否则，科学越进步，教育越有害。热爱儿童在社会上已成为一种有效的力量——婴儿死亡率的降低以及教育进步便能证明这一点。不过这种力量仍然微弱，否则我们的政治家们便不敢为了实现他们的屠杀和压迫的凶恶计划，而牺牲无数儿童的幸福和生命了；但它也的确存在，并且正在不断增加。然而，其他形式的爱却惊人地少。正是那些给孩子以慷慨照顾的人，热切希望这些孩子以后死于那种纯属集体发疯的战争。期望爱心从孩子身上逐渐扩展到他将变成的成人身上，是否期望过高？爱孩子的人能否一直对孩子施与父母式的爱呢？在使孩子获得健全的体格和蓬勃的精神后，我们是否应当利用他们的力量和活力来创造一个更美好的世界呢？或者当他们着手这项事业时，我们应战战兢兢地退缩，还是会迫使他们重新回到奴隶和受训者的状态呢？科学能在其中任何一方面发生作用——这是爱和恨的选择，不过恨总是被职业道德家的华丽辞藻所粉饰。

第三部分
智力教育

第十四章　一般原则

截至目前，我们所讨论的品格教育主要是婴幼儿时期的事情。如果指导正确，孩子六岁以前便能基本完成。我并不是说过了这个年纪，品格便不会变坏——在任何一个年纪，不良的条件或环境都会对品格产生危害。我的意思是，那些从小受过正确训练的儿童，在六岁以后，应当具有踏上正途的习惯和愿望，只是需要对环境的影响多加注意。只要校方具有一定智慧，任何一所由六岁以内受过正确教育的儿童组成的学校，就会构成一个良好的环境；其实无须花费很多时间和心思去考虑道德问题，因为所需要的其他美德应当由纯粹的智力训练自然产生。我并非在学究式地宣称这是一条绝对的规则，而只是想让校方知道他们应关注的问题。我确信，如果孩子在六岁前已经受过良好的教育，校方最好将重点放在纯粹的智力培养上，并借此推动良好品格的进一步发展。

在教育中融入道德考量，对于智力和品格都会产生坏的影响。不应认为有些知识有害，有些无知有益。所传授的知识应以提升智力为目的，不应以证明某些道德或政治结论为目的。从学生角度来看，教学的目的部分是满足他们的好奇心，部分是使他们获得所需要的技能，以便他们能自己去满足他们的好奇心。从教师角度来看，教学的目的是刺激某种能产生有益成果的好奇心。但是，即使学生的好奇心与校内课程毫不相干，也不可加以阻挠。我并不是说学校的课程应受干扰，而是说这种好奇心理应受到称赞，并应告诉学生如何在课外时间去满足好奇心，比如通过去图书馆借书。

说到这里，我将面临一些不可避免的质问。如果男生的好奇心是病态的或反常的，应该怎么办？如果他对淫猥之事或有关虐待的描写产生兴趣，应该怎么办？如果他对窥探他人的行动特别感兴趣，又应该怎么办？以上这些形式的好奇心也该鼓励吗？在回答这些问题时，我们必须有所区分。最应强调的是，我们不应让孩子的好奇心始终局限在这些方面。但是，我们也不应使他们感到想了解这些事是罪恶的，或是我们不想让他们了解这些方面的知识。这种知识的吸引力源于它总是被禁止，在有些事例中，这也与某种病态的精神状况有关，需要进行医学治疗。但是，对待任何例子，禁止和道德恐吓都绝不是正确的治疗办法。作为最普通和最重要的例子，让我们注意一下淫猥之事。我不相信这种事会发生在将性知识与其他知识同等看待的孩子身上。一个能将淫秽图片搞到手的孩子会对自己这方面的能力扬扬得意，还会因自己超过其他缺少魄力的同伴而自豪。但如果公开坦诚地告诉他有关性的知识，他就不会对这类图片感兴趣了。然而，如果他仍有兴趣，那就应该请这方面的医学专家对其进行治疗。治疗应从鼓励他说出他最大胆的想法开始，然后再不断地向他提供大量丰富的材料，渐渐增加技术性和科学性，直到整件事变得使他索然无味而止。当他感到没有什么事情可继续了解，并且自己所知道的事情也平淡无奇时，他就治好病了。这件事的要点在于，性知识本身并不错，错的是沉迷于某个特殊话题的习惯。沉迷的毛病无法通过粗暴地分散注意力便可消除，而需通过对有关问题的充分了解才能治愈。通过这种方式，兴趣可以成为科学的，而非病态的；若能做到这一点，这种兴趣便能和其他兴趣一样取得合理地位，而不再是一种沉迷行为。我确信，这是对待狭隘和病态的好奇心的正确方法。禁止和道德恐吓只能使之恶化。

尽管品格的完善不应成为教学的目的，但是有些品格是非常可取的，并且会有助于学生的求知。这种品格或可成为智力美德。这些美德应是智育的产物，但它们应是智育的工具，而非是智育的目标。在我看来，这些品质主要有以下几项：好奇心、开放的思想、知难而进的信念、耐心、勤奋、专心和严谨。在这些品质中，好奇心是最基本的；如果好奇心强烈，并且指向正确的目标，其余的品格便会随之而来。但是，也许好奇心尚未积极充分到足以成为整个智力活动的基础。还应当有做困难之事的欲望。所学的知识在学生看来应是一种技能，就像游戏或体操技能那样。我认为，这种技能的一部分只为那些学校作业所需，这是难免的；然而如果能使学生感到它对于一些非学业的目标也有用的话，一些重要的目标就达到了。知识与生活的脱节令人遗憾，虽然在校期间也是不可能完全避免的。当这种脱节极为难免时，应该偶然谈及此类知识的用途——广义的用途。尽管如此，我想还是应给纯粹的好奇心留下一个广阔的空间，否则许多极有价值的知识（比如理论数学）就永远不会被发现了。撇开实用性不谈，在我看来，许多知识本身就颇具价值。我不希望鼓励年轻人过于关注知识在未来的用途上。非功利的好奇心是年轻人天生具有的，这是一种十分可贵的品质。只有当缺乏好奇心时，才可诉诸对实用技能的欲望。两种动机都各有其特定的位置，但两者不应彼此排斥。

开放的思想，常存在于怀有真切求知欲的人身上。那种怀有其他欲望并且自信已知道真理的人不会拥有开放的思想。这就是开放的思想更多存在于年幼的人身上的原因。一个人的活动几乎必然会与某个智力上的疑难问题的判断有密切关系——牧师不可能对神学漠不关心，士兵也不可能对战争视若无睹。律师必定坚持罪犯应受惩罚——除非这罪犯能提供优厚的律师费。教师必定赞成那种与其教育和经验最为适应的特定教育制度。一个人一旦选定他的职业，便不能指望他去时常思考其他职业是否更好。因此，在之后的人生中，开放的思想会受到各种局限，虽应尽量减少之。但是在青年时代很少出现那种被威廉·詹姆斯称为"背叛选择"的情形，因此，较少机会需要有"信仰意志"。应当鼓励年轻人将一切问题视为开放的问题，能够抛弃讨论中出现的任何观点。这种思想上的自由并不意味着行动上的完全自由。孩子不能因为看过拉丁美洲大陆的探险故事而随意地跑到海上去。但只要他仍在继续受教育，他就可以自由地认为当海盗比当教授好。

专心是一种很可贵的品格，未受过教育的人很少具有这种品格。诚然，随着孩子逐渐长大，专心程度自然会大大增加。婴儿考虑任何事都不过几分钟，但以后每长大一岁，他们的注意力就增长一分，直至他们长大成人。尽管如此，如果未受过长期的智力教育，他们还是很难获得足够的专心程度。完美的专心有三种特征：深入、持久和自愿。阿基米德的故事是深入的例子：据说当罗马人攻陷叙拉古城，准备来杀他时，他竟然丝毫未察觉，因为他正深入研究一道数学题。能够长时间地专注于一件事，对于取得艰难的成就，甚至对于理解任何复杂或深奥的问题，都是不可或缺的。只要对某事有浓厚的兴趣，自然会产生这种效果。大多数人能长时间地专注于一道机械的智力题，但是这种专注本身并无多大价值。若想有价值，专注必须能受意志的支配。我的意思是，即使某种知识本身并无趣味，但一个人只要有足够的动机，他仍能强迫自己去掌握它。我认为，高等教育所提供的首先是这种由意志支配的专注。在这方面，旧式教育是值得称赞的。但我怀疑现代的教育方法能否成功地说服人们自愿忍受枯燥乏味。然而，如果现代的教育制度中确实存在着这种缺陷，也并非是不可弥补的。关于这个问题，我之后再做讨论。

耐心和勤奋应该是良好教育的结果。过去人们认为只有通过外力强制形成良好的习惯后，才能获得这两种品格。毫无疑问，这种方法确实是有效的，人们或许可以从驯马中了解这一点。但我认为，更好的办法是激发人们战胜困难的勇气，为此，我们可以将困难分成不同的等级，依次克服，使人们一开始比较轻松地获得成功的愉快。这样会使人们得到因为坚持后的回报，进而逐渐增强必要的恒心。以上所说的也完全适用于这样一种信念，即知识虽难，但并非无法求得。因为产生这种信念的最佳手段便是，引导学生解决一系列经过仔细分层的问题。

和那种自愿支配注意力的品格一样，准确这种品格也许是教育改革家所忽视的。巴拉德博士（前面对他所著书的第十六章曾予以引用）明确指出，现在我们的小学在这方面做得不如过去好，虽然在许多其他方面已有显著改进。他说："在十八世纪和十九世纪初，学校每年考试期间都要进行大量的测试，并根据测试成绩来发放助学金。如果今天对同龄的学生进行同样的测验，成绩肯定大不如从前。无论我们做何解释，有关事实是不容置疑的。总的来说，如今的学校工作——至少是小学工作——已不如二十五年前那么准确。"巴拉德博士对此问题做出的论述极为透彻，我几乎没有什么补充的必要。然而，我要援引一下他的结束语："在进行了各种演绎之后，它（准确）依然是一种高尚且鼓舞人的理想。它是知识的道德：它规定了在追求自己的正当理想时所应遵循的东西。因为我们在思想、语言和行动上的准确，衡量着我们对真理的忠实度。"

使那些现代方法倡导者感到困难的是，以前所教导的准确已令人生厌，如果能使教育变得有趣，就是一种很大的进步。然而，这里我们必须有所区别。如果烦恼只是教师强加于学生之上的，则是完全不可取的；但如果烦恼是学生为实现某种远大目标而自愿忍受的，如果不太过分，便是有价值的。使学生充满多种不易满足的欲望——如弄懂微积分、阅读荷马的作品、精通小提琴等，应是教育的一部分。所有这些都有它们各自所需的准确。有能力的学生会不厌其烦，并自愿接受严格的训练，以获得自己所向往的知识或技能。但那些天生能力欠佳的孩子，如果受到鼓舞，也会激发出同样的志向。教育的动力应当是学生的求知欲，而不是教师的威严；然而，这并不是说教育在所有阶段都应是温柔、轻松和愉快的。这尤其适用于准确性方面的问题。追求准确的学问往往令人厌倦，然而这对于一切完美的东西都是必不可少的，这一事实可以通过适当的方法向学生讲明。现代教育方法只要在这方面不够严格，必定会步步成错。此事和其他许多事情一样，人们对于不良的旧式训练法的反感已造成过度的宽松，这种情况必须让位于一种新式训练法，较之旧方法的外部威严，新方法将更注重孩子的内部世界，且更符合学生心理。准确就是这种新式训练法在知识上的体现。

准确的种类众多，而每种又各有其自身的重要性。主要种类有：肌肉的准确、艺术的准确、事实的准确以及逻辑的准确。每个孩子都能理解肌肉的准确在许多方面的重要性：它是控制身体的需要，健康的孩子需要花费他们所有的闲暇时间去学习它，它对孩子们日后在游戏中建立威信不可或缺。但是准确还有一些与学校教育有关的形式，如语言清晰、书写优美、演奏正确。孩子将根据环境来决定这些东西是否重要。艺术的准确很难界定：它与产生情感的合理刺激有关。有一种办法可以培养这种重要的准确性，就是让儿童背诵诗歌——比如，为表演而背诵莎士比亚的剧本——当他们背错时，要让他们感到为何莎翁的原话要更好。我认为，凡是美感普遍存在的地方，人们都会教孩子学习各种传统的表演项目，如唱歌和跳舞，这是孩子乐于学习的，但他们在完成这些活动时必须准确地依照传统做法。这会使他们注意到各种细微的差别，而这对于准确性是至关重要的。我认为，演戏、唱歌和跳舞都是培养艺术准确性的好办法。绘画次之，因为它易于以对模型的忠实度为判断标准，而忽略艺术的标准。诚然，规定动作的表演也是一种模型动作的再现，但这种模型动作本身具有艺术价值；模型被模仿是因为它自身不错，而不是因为模仿本身是好事。

单纯追求事实的准确性，是会令人厌倦至极的。记住英国历代帝王的年代，或者各郡及首府的名称，曾是童年时代最为可怕的事情之一。最好通过兴趣和重复来获得准确。我始终记不住地理书中那一长串岬角的名字，但是八岁那年，我却记得所有地铁站的站名。如果能向儿童播放一部描写轮船周游海岸的影片，他们很快就会记住各个岬角的名字。我认为这些岬角并不值得记，但如果值得的话，那就应当采取这样的教学方式。所有地理课都应当通过电影来教，历史课在起初也应如此。这样做，启动经费将会很大，但是在政府的承受范围之内。而且这样做使得教学变得简单易行，随之而来的便是节约。

逻辑的准确性是以后要学习的事情，不应当强加于幼儿。背会乘法运算表只是属于事实的准确；只有到很久之后，它才会变成逻辑的准确。数学是逻辑教学的自然工具，但是，如果让数学只是成为一系列武断的规则，那么就会失去其作用。规则是必须要学习的，但是在一定阶段，产生这些规则的理由也必须解释清楚，否则，数学就没有了教育价值。

现在来谈谈在讨论准确性时已经涉及的一个问题，就是使所有教学都充满趣味究竟有多大的可能性和合理性。旧观念认为，大部分训练必然是单调乏味的，只有严厉的权威才能让一般的男孩持之以恒（在过去，一般的女孩是与教育无缘的）。现代观念认为，训练能够产生极大的快乐。相比旧观念，我十分赞同新观念；然而，我认为新观念也有某些局限性，尤其是在高等教育方面。我将首先讨论现代观念中正确的部分。

现代幼儿心理学家都强调不催促幼儿进食或睡觉的重要性——这些事情应由孩子自愿去做，而不应进行诱哄或强制。我自己的经验完全证实了这一点。起初我们不知道这个新方法，我们尝试了旧方法。但是旧方法极不成功，而新方法却十分成功。然而，这绝不意味着现代父母可以在幼儿进食和睡眠方面完全置之不理；相反，父母应当尽力培养孩子养成良好习惯。要按时吃饭，无论孩子吃或不吃，都必须坐在桌前，不能玩耍。要按时睡觉，孩子必须躺在床上。他可以搂着玩具动物，但不能是那种会叫、会跑或会使人兴奋的玩具。如果是孩子最喜欢的玩具动物，那么不妨假设动物困了，孩子必须要哄它睡觉。然后让孩子独自待着，这样，孩子通常会迅速入睡。但是绝不能让孩子认为你急切地希望他睡觉或吃饭，这会立刻让他觉得你在求他帮忙；这会使他产生一种权力感，从而使他更加需要诱哄或惩罚。吃饭和睡觉应是他自愿的，而不是为了讨你欢心才这样做。

显然，这种心理在很大程度上也适用于教学。如果你硬要向一个孩子施教，他就会认为你在要求他做某种不愉快的事情以取悦你，于是他就会产生一种心理学上的抵触情绪。如果这种情绪从一开始就产生，那么它就会一直存在；在长大点之后，孩子考试及格的愿望也许是明显的，并且也会为此而努力，但这并不是出于纯粹的求知欲。相反，如果你从一开始就激励孩子的求知欲，之后，再作为一种恩惠向孩子提供他想得到的知识，情况就会截然不同。这样所需要的外部约束要少得多，并且无须费力就能调动孩子的注意力。要使这种方法得到成功，必须具备某些条件，蒙台梭利女士就成功地在极小的孩子中间创造出这些条件。儿童的作业必须有趣，不能太难。起初必须有其他程度稍好的孩子的示范。同一时间不能有其他明显有趣的事情吸引孩子的注意力。儿童可做的事情有很多，让他自己选择，单独去做。在这种情况下，几乎所有的孩子都会十分快活，并且无须强迫便能在五岁之前学会读写。

同样的方法究竟在多大程度上适用于较大的孩子，尚待讨论。随着孩子不断长大，他们将越发具有长远的动机，因此已无须保证教学中的所有细节都有趣。不过我认为，教育的动力应当来自儿童这一总体原则始终都不能变。周围的环境应当有助于激发这种动力，并使枯燥和孤独成为学习的替换物。但是任何宁愿枯燥和孤独的孩子应当被允许做出这种选择。单独工作的原则可以推广，虽然在幼儿期过后，一定量的班级作业似乎不可缺少。但是，如果必须使用外力来强迫孩子学习，那么除非孩子有病，大概率是因为教师有错，或是先前的道德教育不良。如果一个孩子在五六岁以前受过适当的训练，那么任何一位好老师都应当能够激发他的兴趣。

若能做到这一点，益处极大。教师将成为学生的朋友，而非敌人。孩子将会学得更快，因为他是合作的。他学习时较少感到疲劳，因为他不必时刻强迫自己集中精力、紧绷神经。另外，他的主动性也会加强，而不是削弱。鉴于上述好处，假定学生能够凭借自己的欲望去学习，而无须教师的强迫，似乎是值得肯定的。如果这种方法对少数学生无效，那么可以将这些学生隔离开，采用别的方法施教。不过我相信，上述方法适用于儿童智力状况，因此很少会失败。

由于讨论准确时所提到的原因，我认为真正完备的教育并不能做到处处有趣。无论人们如何渴望了解一个学科，其中某些部分肯定是枯燥乏味的。但是我相信，只要有适当的认知，学生能够感受到学习这些枯燥部分的重要性，并且无须强迫就能学完。应当根据学习成绩的优劣来进行称赞和批评，从而刺激学生。学生是否具有必要的技能，应当像在游戏和运动中那样显而易见。一门学科中枯燥部分的重要性应由教师讲明。如果这些方式全都无效，那么就只能把孩子归入迟钝的一类，需要将其从智力正常的孩子中挑出来，单独施教，但是必须注意不要让此举含有惩罚的意味。

除非有极特殊的情况，即使在幼儿期（即四岁以后），教师的角色也不能由父母充当。教学是一项需要特殊技能的工作，虽然可以学习，但是大多数父母都没有这种学习机会。学生的年龄越小，所需要的教学技能就越高。不仅如此，由于在正式教育开始之前，父母与孩子经常接触，所以孩子对父母有种种习惯和希望，而孩子对教师是不会有这些的。另外，父母对于孩子的进步容易过于急切。如果孩子聪明，父母就会异常高兴；如果孩子迟钝，父母就会异常愤怒。父母不适合给自己的孩子上课，就像医生不适合给自己的家人看病一样。当然，我并不是说父母不应正常施教，我只是说，即使父母具有教育其他孩子的资格，他们通常也不会成为向自家孩子传授学校正式课程的最佳人选。

在整个教育期间，从第一天到最后一天，应当有一种知识上的冒险意识。这个世界上的疑难杂问，只有通过足够的努力才能理解。理解疑难问题的感觉会使人感到振奋和愉快——每一个好教师都应当能让学生产生这种感觉。蒙台梭利女士描写过她的学生会写字时的兴奋——我还记得我第一次读到牛顿从万有引力定律演绎出开普勒第二定律时的欢乐。很少有欢乐能如此纯粹和有益。主动及独立的作业能为学生提供发现的机会，他们在该过程中所具有的精神冒险意识远比在课堂上学习东西时所具有的，更为常见和强烈。在一切可能的情况下，要让学生主动，而不是被动。这是使教育从苦变甜的秘诀之一。

第十五章 十四岁前的学校课程

应该教什么和应该如何教，是两个密切相关的问题，因为如果知道该如何教，学生就有可能学得更多。如果学生渴望学习，而不是厌恶学习，将更是如此。关于怎么教，我已谈过一些，在之后的一章中也将进一步讨论。现在，我们暂且假定采用了最好的教法，所以我要谈谈应该教什么的问题。

说到成人所应知道的事情，我们很快就会认识到，有些事情人人都应了解，而有些事情只有少数人才应了解，其他人无须知道。有些人必须精通医学，但是对大多数人来说，具备基本的生理学和卫生学知识就已足够。有些人必须精通高深的数学，但是对那些不喜欢数学的人来说，懂得基础的原理就已足够。有些人应当学会吹长笛，但是并非每个学生都有练习这种乐器的必要。总的来说，儿童十四岁以前的课程内容应该是每个人都应知道的东西，撇开特殊情形不谈，专业化的教育应该日后再进行。然而，发现学生的特殊才能，应是十四岁以前的教育目的之一，这样做就会使具有特殊才能的学生在日后得到精心的培养。因此，每个学生都应学习各科的基础知识，而其中成绩不好的学生，就不必进一步深造了。

在决定了每个成人都应知道的东西之后，我们还需要决定应教学科的先后次序。这里，我们自然应把相对的难易程度作为判断标准，先从最简单的学科教起。上述两项原则可以在很大程度上决定小学的课程。

我要假定儿童到了五岁已会读和写。这是蒙台梭利教学法，或其他今后更为先进的教学法应办到的事情。那时孩子已具有准确的感性知觉和绘画、唱歌、跳舞的基础，以及学会在一群儿童中做到专心于教育科目的能力。当然，五岁的孩子不可能在这些方面做得十分完善，并且之后若干年仍需继续学习上述各方面技能。我认为孩子在七岁以前不应学习很费脑力的东西，但是掌握足够技能可以极大地减少困难。数学是让孩子望而生畏的东西——我记得我曾因记不住乘法表而痛哭一场——但如果能循序渐进地认真施教，比如利用蒙台梭利教具，就不会因其深奥而使孩子丧失信心。然而，若要完全掌握技能，最终还是要花力气去记住相当枯燥的规则。这是本应有趣的小学课程所面临的最棘手的问题。尽管如此，基于实际考虑，某种程度的精通是必要的。另外，数学也是培养准确性的自然工具：答案要么对，要么错，永远不会是"有趣的"或"启发的"。撇开数学的实际用途不谈，这就能使它成为早期教育的要素。但是数学上的困难应当仔细分类，由浅入深；每次用于研究难题的时间也不宜过长。

在我小时候，地理和历史是各学科中教得最差的两科。我最怕上地理课，如果我还能忍受历史课的话，也是因为我本身喜欢历史。这两门课是极小的孩子极为着迷的科目。我儿子虽然从未上过地理课，但他的地理知识要比他的保姆多得多。他之所以知道这方面的知识，是因为他喜欢火车和轮船，而这两样是所有男孩子都会喜欢的东西。他想知道他想象中的轮船所要走的航线，当我告诉他去中国所要经过的路程时，他都听得十分仔细。所以，只要他想看，我就给他展示途经各国的图片。

有时他坚持拿出大地图册，在地图上观察这种旅行。他每年两次乘火车往返于伦敦和康沃尔，这条线路使他产生浓厚的兴趣，沿途停靠的各站及换车头的地点，他都知道。他对南极和北极很感兴趣，并对为什么没有东极和西极感到疑惑。他知道法国、西班牙和美国的方向，并且知道在这些国家所能见到的东西。所有这些都不是教来的，完全是好奇心所致。我认为，教地理应部分通过图片和旅行故事的方式，但主要还应是通过电影，向学生展示旅行者在途中所见。知道地理上的事实很有用，但是没有内在的思想价值；然而，当地理因为图片而变得栩栩如生时，它便能提供想象的材料。应当知道有炎热的国家也有寒冷的国家，知道有平坦的国家也有多山的国家，知道有黑人、黄人，也有棕色人、红人和白人。这种知识能够减少熟悉的环境对想象力的约束，能使人们之后"感知"遥远国度的存在，而这是很难感觉到的，除非经历旅行。由于这些原因，地理应在幼儿教育中占有重要地位，如果有孩子对地理不感兴趣定会令人惊讶。以后，我要给孩子一些配有照片、地图和各地概况的书籍，并让他们把有关各国特色的文章放在一起。

适用于地理的这些做法更适用于历史，但孩子的年龄需要稍大一些，因为孩子的时间概念在最初是很弱的。我认为孩子五岁开始学历史就能受益，起初可以通过大量图片来介绍名人趣事。我五岁时曾有一本介绍英国历史的图画书。其中马提尔达女王在亚平敦从冰上通过泰晤士河的故事给我留下极为深刻的印象，以致我在十八岁那年经过泰晤士河的时候仍感到紧张，总感觉斯提芬王就在身后追我。我认为所有的五岁男孩都会对亚历山大的故事感兴趣。哥伦布的故事也许更偏向地理，而非历史——我能证明两岁的孩子就会对哥伦布的故事感兴趣，至少见过大海的孩子会是如此。当孩子六岁时，就可以学习世界历史大纲，大纲可按照威尔斯先生的方法处理，进行必要的简化并配上插图，尽可能配上电影。如果他住在伦敦，可以带他到自然历史博物馆去看珍禽怪兽；但是在他十岁之前，我不会带他到大英博物馆去。教历史时必须注意的是，当孩子尚未能领悟历史事件时，不要把我们成人感兴趣的事情强加给他。一开始就能引起儿童兴趣的历史话题有两种：一种是由地质到人类、由野蛮人到文明人的进化过程；另一种是英雄豪杰的富有戏剧性的历史事件。但我认为，我们应当有一个贯穿始终的指导思想。即进步是渐进的、曲折的，会时常受到我们从兽类身上遗传下来的野蛮性的阻碍，然而通过知识，我们能够逐渐征服自身和环境。我们应把人类视为一个整体，我们要与外部的混乱和内部的愚昧作斗争，那微弱的理性之光终将燃成巨焰，光明终将取代黑暗。种族、民族和信仰之间的沟壑，应当被视为蠢事，它分散了我们同混乱和愚昧作斗争的精力，而这种斗争才是我们真正的人类活动。

我们应当首先提供某一主题的图片，然后再说主题本身。应当展示在寒风中瑟瑟发抖、啃着地上野果的野蛮人。应当展示火的发明及作用；说起这点，普罗米修斯的故事恰到好处。应当展示尼罗河流域的农业起源，以及牛、羊、狗的驯化过程。应当展示由独木舟到万吨巨轮的船舶发展过程，以及由洞穴栖息地到伦敦和纽约这样的大都会的城市发展过程。应当展示文字和数字逐渐发展的情形。应当展示希腊短暂的繁荣、罗马无与伦比的雄伟及随之而来的黑暗时代，以及科学的兴起。所有这些内容甚至能够引起很小的孩子的兴趣。我们不应回避战争、迫害和虐待，但我们也不应对战胜者表示赞许。按照我的历史观，真正的战胜者应该是那些用实际行动消除内外黑暗的人——释迦牟尼、苏格拉底、阿基米德、伽利略、牛顿，以及一切有助于我们掌握自身和自然的人。我们应当确立人类命运前景辉煌的观念，如果我们去进行战争、去做其他原始愚行，我们就是在违反这个观念，而只有当我们为增加人类的支配权做出贡献时，我们才是践行了这一观念。

学校教育的最初几年，应当为跳舞留出一部分时间，这有助于身体健康和美感培养，并且能给儿童带来极大的欢乐。基本动作学会之后，才能学习集体舞——这是孩子易于理解的一种合作方式。这也适用于唱歌，但唱歌应比跳舞更晚一点，一方面是因为唱歌不像跳舞那样具有肌肉上的乐趣，另一方面是因为唱歌的基本原理更为复杂。多数儿童，虽然不是全部，都喜欢唱歌，因此在学过儿歌之后，他们还应学习真正优美的歌曲。如果开始时破坏了他们的品位，后来又想使其变得纯洁高雅，是不可能的。无非让人显得矫揉造作而已。和成人一样，儿童在音乐方面的才能也大为不同，因此较高水平的合唱队队员应在稍大的儿童中挑选。在他们中间，唱歌应是自愿的，而不是被迫的。

文学作品的教学方式很容易出错。无论老幼，了解了"有关"文学的些许信息，如记住诗人的年代及其作品的名称等，是毫无用处的。任何能纳入手册的东西，都是没有价值的。有价值的是对一定数量的范文烂熟于心——这种熟悉程度将会影响人们的写作风格，也会影响人们的思维方式。在过去，《圣经》曾对儿童起过这种作用，尤其有益于他们对文体的理解。但是现代的儿童能熟知《圣经》的已经极少了。我认为，若缺乏背诵，文学作品便不能充分发挥良好的作用。过去人们都主张用这种方式来训练记忆力，但是心理学家已经证明，背诵在这方面的效果是非常微弱的。现代教育家越来越轻视背诵。但我认为他们的做法是错误的，因为背诵可能对改善记忆力没什么帮助，但对美化口语和书面语是有益的。这种效果不应刻意求取，而应作为思想的自发表现。但是，若要在一个已经丧失了美感的原始冲动的社会里做到这一点，则必须产生一种思维习惯，我坚信这种习惯只有通过熟知优秀的文学作品才能产生。而这就是我认为背诵重要的原因。

但是，仅仅背诵诸如"仁慈的品质"和"整个世界是舞台"一类的话，似乎会使大多数儿童感到厌烦和做作，从而无法达到背诵的目的。背诵若与表演结合起来则要好得多，因为背诵是儿童完成喜欢的表演的必要手段。从三岁开始，儿童就喜欢扮演角色，他们能够自发地扮演，但若教给他们更复杂的扮演方法，他们更会欣喜若狂。我还记得演布鲁图斯与卡修斯发生争执的那一幕，我满怀情感地朗诵道：

> 我宁愿做只狗，向月亮狂吠
> 也不愿做这样的罗马人。

在《凯撒》或《威尼斯商人》或其他合适的剧本中扮演角色的孩子，不仅会了解他们自己的角色，也会了解其他许多角色。他们会在很长一段时间内都以想到剧情为乐。总之，好的文学作品应能给人以乐趣，如果孩子不能从中获得乐趣，他们也就不大可能从中获益。由于这些原因，我认为幼儿时期的文学课应当仅限于学习扮演角色，余下的时间还应让孩子去校图书馆随意浏览可借阅的优秀故事书。如今，人们给孩子写的是一些无聊感伤的东西，这些读物对孩子草率马虎，没有尊重孩子。请同《鲁滨孙漂流记》的认真态度做一下比较。无论是在对待孩子还是对待其他问题上，感伤都是戏剧性同情的失败。孩子都不喜欢被当作孩子对待，他想尽快地学会大人的举止。因此，儿童书籍绝不应以儿戏的方式表现出一种迁就的乐趣。许多现代儿童读物都矫揉造作得令人恶心。这种书籍要么使孩子烦恼，要么使之在精神发展中迷惑和混乱。由于这一原因，最好的儿童读物乃是那些为成人而作，但又恰好适用于儿童的书籍。那些为儿童而作，但也能取悦成人的书籍，如利尔和刘易斯·卡罗尔的作品，只是例外。

现代语言的问题是一个不易解决的问题。在幼儿期学会说一种流利的现代语是可能的，但是到成年时则是不可能的，因此在幼儿期学习语言的理由很充分。有人担心外语学得太早会影响母语的掌握。我并不相信这一说法。托尔斯泰和屠格涅夫在幼儿期便掌握了英语、法语和德语，但他们的俄语水平依然极高。吉本用法语写作与用英语写作一样轻松，但这并未损害他的英语风格。在整个 18 世纪，所有的英国贵族都要在青年初期学习法语，许多人还学习意大利语，但是他们的英语水平依旧比他们后代高得多。只要孩子对不同的人说话，他们那种戏剧性的本能便会防止他们将各种语言混淆。我当年学习英语是和学习德语同步进行的，并且在十岁之前只和保姆与家庭女教师说德语；后来我又学法语，并且也只和家庭教师说法语。我从未将这两种语言与英语混淆过，因为我有不同的谈话对象。我认为，现代语应由以母语说话者来教授，这不仅因为他们能教得更好，还因为孩子与外国人说外语会比与本国同胞说外语更感自然。因此，我认为每所学校都应有法国女教师，如果可能，也应有德国女教师，她们起初不应正式教儿童语言，而应和孩子一起游戏，与他们交谈，并让游戏的胜利与否取决于他们对语言问题的理解。她可以从"雅克兄弟"和"阿威农的桥上"这类简单的游戏开始，逐渐过渡到较为复杂的游戏。通过这种方式学习语言，既不会有精神上的疲劳，又会有游戏的快乐，而且学习效果会远优于以后的任何时期，并能节省宝贵的教育时间。

　　数学和科学只能到本章所讨论的年龄段的最后几年，比如十二岁，才开始教授。当然，我们假设前提是算术已经学过，且对天文、地质、史前动物、著名探险家，以及诸如此类有趣的事情，也有过通俗的介绍。而我现在指的是正式教授几何、代数、物理和化学。有些孩子喜欢几何和代数，但是绝大部分孩子并不喜欢。我很怀疑这是否应完全归咎于教学方法不当。数学才能与音乐能力一样，主要是一种天赋，我相信有这种天赋的人是极为罕见的，甚至有中等天赋的人也不多。然而，每个孩子都应尝试一下数学，以便发现那些确有数学才能的人。此外，即使是那些学得很少的人，也能从对这一学科的了解中获益。只要教法得当，几乎所有的孩子都能理解几何的原理。代数则不然，它比几何更为抽象，对于那些无法脱离实物进行思维的人来说，其实质是无法被理解的。如果教授得法，喜欢物理和化学的人也许会比喜欢数学的人多，虽然在青年中也只占少数。对于十二岁到十四岁的学生来说，学习数学和科学应当只是为了弄清他们是否具有这方面的才能。当然，这不是一下就能弄清的。我最初讨厌代数，但是后来却在代数方面表现出一些才能。有些孩子直到十四岁仍无法确定是否具有才能。在这种情况下，还应继续试验一段时间。但是对大多数学生，在十四岁时便可做出定论。有些孩子喜欢这些学科，并且成绩优良，有些孩子则不喜欢这些学科，成绩也就很差。聪明的孩子不喜欢这些学科，或不聪明的孩子喜欢这些学科的现象是极少发生的。

　　对于数学和科学的意见也同样适用于古典文学。凡是十二岁到十四岁之间的孩子都应学习适量的拉丁语，以便发现哪些孩子喜欢这一科目并有所擅长。我认为到了十四岁，教育就应视儿童的爱好和特长而开展大体的专业分类。十四岁之前的那几年学习，应当是为了查明之后所要

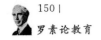

学的最佳科目。

在整个求学岁月中，应当不断进行户外教育。对富家子弟来说，此事可以留给父母去做，但对其他儿童来说，学校则必须承担部分义务。我所说的户外教育，并非指游戏。当然，游戏也有其公认的重要性；但我现在所指的是另外一些不同的东西：农业知识、动植物知识、园艺知识、乡间观察习惯等。我惊讶地发现，很少有城里人知道指南针上的方向、太阳的走向、房屋的背风面，以及其他连牛羊都具备的知识。这是只在城里生活的结果。如果我说这是工党不能赢得农村选民的一个原因，人们也许会认为我的话很荒唐。但这确实是城里人完全脱离各种原始的和根本的事物的原因。这使得他们对于人生的态度变得琐屑、浅薄和轻浮——当然不是人人如此，但却相当普遍。季节、气候、耕种、收割、庄稼、牲畜都与人类有着重要关系，如果人们不能完全与土地分离，这些东西都应亲近并熟悉。儿童能在那些极有益于健康的活动中获得所有这些知识，即使仅仅出于健康原因，这些活动也是值得开展的。城市的孩子到了乡村会感到十分快乐，这表明他们内心深处的需要得到了满足。只要他们的需要尚未得到满足，我们的教育制度就是不完备的。

第十六章　最后的学年

我认为，在十五岁的那年暑假之后，凡期望分专业、获得专业化训练的学生都应当顺其心意，而且大多数学生都将有这种待遇。但是那些不能做出明确选择的学生，最好还是继续接受普通教育。如果有特殊的情形，也可以提前进行专业化分科。教育上的一切规则均可因特殊原因而进行变通。但是我认为，平均智商以上的学生应在十四岁左右开始分专业，而那些在平均智商以下的学生在任何学校都不应分专业，职业训练除外。在本书中，我一直在避免就职业训练发表任何意见。但是我认为这种训练不应该在十四岁之前开始，并且我认为，即使在十四岁之后，职业训练也不应占去学生的全部在校时间。我不打算讨论职业训练应占多长时间，或应有多少学生接受这种训练的问题。这些问题涉及经济和政治，二者与教育仅有间接的联系，并非三言两语能讲得清。因此，我现在只讨论十四岁以后的学校教育。

我把学校课程分为三类：（1）古典学科；（2）数学和科学；（3）现代人文科学。最后一类应当包含现代语言、历史和文学。不管哪一类，学生在毕业前都可以进一步专修某一学科，至于毕业时间，我认为不应早于十八岁。凡修古典学科者，必学拉丁语和希腊语，这是显而易见的，但有些学生侧重前者，有些学生则侧重后者。数学和科学应当一起学，但有些科学无须数学知识也可取得成就，事实上，许多著名科学家的数学成绩都很糟糕。因此，应当允许十六岁的儿童专修科学或专修数学，但未选读的那一门也不可被完全忽略。上述意见也适用于现代人文学科。

有些学科具有极大的实用价值，所有人都必须学习。其中包括解剖学、生理学和卫生学，不过学到成人日常生活所需的程度即可。但是这些学科应当早一点教，因为它们与性教育有关，所以应尽可能在青春期前教授。我认为，唯一的解决办法是教两次——先在青春期前简单扼要地教一次，之后再结合健康和疾病的基础知识教一次。我想，每个学生都应当懂得一些有关议会和宪法的知识，但是教这门课程时必须注意不能掉入政治宣传的泥沼。

比课程安排更为重要的是关于教学方法和教学精神的问题。在这方面，主要困难是使课程变得有趣而又不太容易。准确而精细的研究应当辅以关于该研究基本原理的图书和概要介绍。在着手研究古希腊戏剧之前，应当先让学生阅读吉尔伯特·默里或其他有诗才的翻译家的译文。数学教学应当变化多样，加入数学发明史和各种数学对科学和日常生活的影响的讲解，还应暗示高等数学中的乐趣。相似地，对于历史的详细研究也应辅以精选的大纲，即使大纲中包括一些有争议的结论。可以告诉学生这些结论是有争议的，并且引导他们深入讨论，以得出肯定或否定的意见。至于科学，应该看一些介绍最新科研概况的普及读物，以便对特殊事实和规律所具有的普遍科学目标有所了解。所有这些都将有助于促进准确而精细的研究，但若让它们取代了研究则是有害的。绝不可让孩子认为求知有捷径可走。现代教育的真正危险在于人们反对旧式的严格训练。旧式教育中的智力训练是正确的，错误的是那种扼杀求知兴趣的做法。我们必须设法保证严格的训练，但要采用其他不同于旧式惩戒性的方法。我认为这不是不可能的。我们可能发现，在美国，那些在大学时代懒散的学生，一旦进入法学院或医学院，都会变得勤奋起来，这是因为他们终于可以从事那种他们认为重要的工作了。这就是问题的实质所在，让学生感到所学的东西重要，这样他们便会勤奋学习。但是，如果所学的东西太容易，他们几乎会本能地知道你没有给他们教授真正有价值的东西。聪明的孩子都喜欢在难题上试验自己的智力。如果教法得当且能消除学生的恐惧，许多现在看来似乎愚蠢和懒散的学生都会变成聪明的学生。

在整个教育期间，应当尽可能调动学生的积极性。蒙台梭利女士已经指明如何调动幼儿的积极性，但是对于较大的儿童，则需要不同的方法。我想，进步的教育家一般都会承认个人自习的时间应比现在的多得多，而授课的时间应比现在少得多，但是自习应在有许多学生同样忙于自习的屋子内进行。图书馆和实验室应该足够多且宽敞。在校的大部分时间都应用于完成自己制订的学习计划，但学生应当把自己的学习情况写成一份报告，并附上所学知识的摘要。这将有助于记忆，能使读书目的明确，而不是漫无边际，并使教师能够针对每个学生的情况进行必要的监督。学生越聪明，所需的监督就越少。对于那些不是很聪明的学生，教师应当给予适当的指导；但是指导的方式也应该是提示、询问和鼓励，而非命令。然而，也应当有指定的主题，通过为学生提供确证某种规定题目的材料，并以有条不紊地予以阐述的方式进行练习。

除了有系统的学习外，还应当培养学生对政治、社会和神学方面有争议的重要时事问题的兴趣。应当鼓励学生了解有关这些问题的各方意见，而不仅仅是正统的意见。如果有些学生强烈支持某种意见，应当教他们如何发现足以支持自己观点的证据，并且应当安排他们去与那些持相反观点的学生进行辩论。这些以查明真理为目标而严肃举行的辩论是极有价值的。在辩论中，教师应当学会不偏向任何一方，即使教师有明确的意见。如果几乎所有学生都支持同一种观点，教师就应持相反观点，并且说明这只是为了辩论的目的。另外，教师的角色应当仅限于纠正事实上的错误。通过这种方式，学生便能学会将辩论视为确定真理的手段，而不是一场关于口舌之才的竞争比赛。

假如我是一所较大儿童学校的校长，我会认为回避或宣传热点问题是不可取的。正确的做法是让学生感到，他们所受的教育能指导他们处理世界十分关注的问题——这能使他们感到学校教育与现实世界并不脱离。但是我不会把自己的观点强加给学生。我所要做的是教育学生对实际问题采取科学的态度。我期望学生能够拿出确实是论据的论据和确实是事实的事实。这种习惯在政治上尤为可贵，但也尤为稀缺。每个激进的政党都会制造一个神秘的茧房，政党的灵魂就平静地蛰伏在其中。激情往往扼杀理智；反之，对知识分子来说，理智也往往扼杀激情。我的目的是要避免这两种不幸的现象。激情若不具有破坏性，那么将是可取的；理智若不具有破坏性，也将是可取的。我希望基本的政治激情是建设性的，并且我要使理智服务于这种激情。但是这种服务必须是客观而真诚的，而不能只是空想。当这个现实的世界不能令人满意时，我们都倾向于到想象的世界中寻求庇护，因为在那里我们无须艰苦努力便能满足自己的欲望。这是癔病的本质，也是民族主义的、神学的和阶级神话的根源。它体现了现代世界中几乎普遍存在的人性弱点。克服人性中的这一弱点应当成为后期学校教育的目标之一。克服的方法有两种，这两种办法都是必要的，虽然在某种意义上彼此对立。第一种方法是增加我们在现实世界里可以有何作为的思考，另一种方法是对能消除我们幻想的现实更加敏感。这两种方法都体现出这样一种原则，即人应该客观地而非主观地生活。

堂吉·诃德就是典型的体现主观性的例子。他第一次制作头盔的时候曾试验过那头盔的抗击打能力，并且将它打得变了形；他第二次未做试验，但却"相信"它是一顶好的头盔。这种"相信"的习惯支配了他的一生。凡拒绝正视不愉快事实的行为，都属于同一类型——我们每个人都或多或少地具有堂吉·诃德的特点。如果堂吉·诃德曾在学校里学习过制作真正优质的头盔，再假如他周围的人拒绝"相信"他所相信的东西，那么他的所作所为就会有所不同。生活在幻想中的习惯在幼儿期是正常的，因为幼儿具有非病态的柔弱无能。但是随着孩子逐渐长大，他们必须更加清醒地认识到，幻想只有变成现实，或早或晚，才有价值。男孩在纠正其他男孩纯属个人的主张方面，是值得赞赏的；在学校，一个人很难在与同学的相处中持有关于自己权力的幻想。但是这种幻想的能力依然活跃在其他方面，并且常常得到教师的合作。认为自己的学校是世界上最好的，自己的国家永远是正确和所向披靡的，自己的社会阶层（如果他是富人的话）要优于任何其他阶层。所有这些都是不可取的主观幻想。然而正是此类幻想，使得我们相信自己拥有优质的头盔，其实他人的军刀能把它劈成两半。因此，幻想催生懈怠，并最终导致灾难。

就像纠正其他事情那样，纠正这种思维习惯必须通过理智地预测灾祸来取代恐惧。恐惧使人不愿正视危险的存在。为主观所支配的人若在半夜被"救火"的呼声惊醒，他可能会认定那是邻居家着火了，因为自家着火的事实太令人恐惧，他也许会因此丧失逃生的机会。当然，这种情形只会发生在病态者身上；但在政治上，类似的行为却是屡见不鲜的。在那些唯有思考才能发现正确解决途径的事例中，恐惧是一种灾难性的情绪，因此，我们要毫无畏惧地去预测灾祸的可能性，并运用我们的智慧去避免那些可避免的灾祸。如果遇到实在不能避免的灾祸，唯有以坚定的勇气去面对，但这不是我现在所要讨论的话题。

关于恐惧，我不想重复前一章说过的话，我现在只讨论智力领域的成为真实思想之障碍的恐惧。在这一领域，在年轻时克服恐惧远比在后来生活中去克服要容易得多，因为对一个生活是以某些假定为基础的人来说，一个孩子观念的改变不大可能带来严重的不幸。因此，我们应当在大孩子中培养智力辩论的习惯，即使他们怀疑被我们视为重要真理的东西，我们也不应制止。我们应当把教学生独立思考作为我们的目标，既不教正统观念，也不教异端邪说。我们绝不应以牺牲理智来维护那种臆造的道德利益。在神学上，若是天主教徒，人们就会隐瞒教皇的罪恶；若是新教徒，就会隐瞒路德和加尔文的罪恶。在性问题上，人们总是谎称贞操要比看上去的多得多。在世界各国，某些被警方认为不体面的事实，即使成年人也不允许知道。英国的检察官不允许戏剧真实地表现生活，因为他们认为只能用欺骗的手段将民众诱入道德之境。所有这些态度都隐含着某种弱点。无论什么事，都要先知道实情，然后我们才能理性地行动。掌权者要对他们的奴隶隐瞒真相，以便他们被误导，对自身的利益毫不知情——这真是聪明的做法。不聪明的做法是，民主国家竟然制定防止他们自己了解真相的法律。这是集体的堂吉·诃德主义：他们不愿知道自己的头盔比他们所希望的差。这种可怜的畏缩态度是自由男女所不应有的。在我们的学校中，不应当存在任何求知的障碍。我们应当通过正确培养情感和本能来寻求美德，而不是通过欺骗和谎言。在我所期望的美德中，没有恐惧、没有限制的求知是重要的组成部分，没有这一部分，剩下的就没有多少价值了。

我所说的总结起来就是：我们应当培养科学的精神。许多著名的科学家在自己的专业领域之外没有这种精神，我们应当努力使这种精神渗透到一切领域之中。科学精神首先要求具有发现真理的愿望，这种愿望越强烈越好。此外，科学精神还包括几种智力上的特征。一开始必然是不确定的，然后根据证据做出判断。我们绝不可预先设想我们已知证据将会证明的东西。我们也绝不能满足于懒惰的怀疑态度，这种态度认为客观真理是可望而不可即的。我们应当承认，即使是我们最有根据的信仰，或许也有"部分"修正的必要；然而真理既然是用人类力量去求取的，就必然只是程度的问题。现在的物理学肯定比伽利略时代的物理学更加接近真理。现在的儿童心理学肯定比阿诺德博士的儿童心理学更接近真理。这两种科学的进步皆由观察取代先前的偏见和情感取得。正是这个原因，最初的不确定才会如此重要。因此，必须教会学生这一步骤，同时还要让他们掌握筛选证据所需的技能。如今，宣传家互斗，并且不断进行虚假宣传，他们引诱我们用药丸毒害自己，或用毒气互相残害，生活在这样一个世界里，批判性的思维习惯至关重要。轻信重复的宣传是现代世界的祸根之一，因此学校应尽全力预防此类现象的发生。

在整个求学岁月当中，应当具备知识探险的意识。在规定的作业完成之后，应当给学生提供机会，让他们发现自己感兴趣的事物，因此，规定的作业不可过多。应受表扬的时候，必须给予表扬，而犯错时也必须予以指正，但不应加以指责。绝不应让学生为他们的愚笨感到羞耻。教育上的巨大激励，是让学生感到有成功的可能。令人厌烦的知识用处不大，而用急切心情获取的知识却能成为永久的财产。要让学生清晰地知道知识与实际生活的联系，让他们了解怎样用知识来改造世界。要让教师永远成为学生的朋友，而非天敌。只要在人生早期受过良好的训练，这些训诲足以使求知成为大多数孩子喜欢做的事。

第十七章　走读学校和寄宿学校

孩子应当送进走读学校还是寄宿学校，在我看来，必须根据每个孩子所处环境及其性格而定。两类学校各有优点：某些情况下，这类学校的优点更多，而在另一些情况下，另一类学校优点更多。在本章中，我将谈几点我给自己孩子做选择时可能会考虑的几种理由。我想这些理由可能会是其他为子女费心的父母会考虑的。

在各种思考中，首要的是健康问题。无论学校的实际情况如何，学校显然都比多数家庭在健康方面，做到更加科学化。因为学校能雇用大夫、牙医和懂得最新健康知识的女总管。而且，学校的选址一般在有助健康的区域。对于居住于大城市的人来说，单凭这一点就会选择寄宿学校。显然，年轻人的大部分时间最好能在乡下度过，所以如果父母必须住在城里，那么也应该把孩子送去乡下读书。然而，这种理由也许不久之后就会失去依据，比如，伦敦的卫生状况正在稳步改善，如果采用人工紫外线，也许能达到乡下的水平。然而，即使病菌能降低到乡下的水平，大量的精神紧张仍然存在。持续的噪声无论对孩子还是成人都有害；乡下的景色、湿润的泥土气息、微风和闪烁的星星，都会存留在每个人的记忆里。因此，我认为无论城市的卫生条件如何改善，对年轻人来说，一年中的大部分时间在乡间度过仍然十分重要。

支持送去寄宿学校的另一个理由是能节省往返的时间。当然这只是个次要的理由。对大多数家庭来说，附近没有优质的走读学校，孩子上学要走很远的路。正如前一个理由对城市住户最有力一样，这个理由对于乡下居民也最为有力。

若要在教育方法上进行革新，几乎都要先在寄宿学校里进行实验，因为相信改革的父母不大可能住在同一片区域内。幼儿的情况则不同，因为他们并不完全受教育当局的管束，所以蒙台梭利女士和麦克米伦小姐能在穷人孩子身上做实验。相反，在公认的学龄段，只获准在富人的孩子身上做实验。多数富人自然更喜欢普通的旧式教育，仅少数赞同另类教育的人又往往散居在各地。因此，很难会选择走读学校开展实验。像比达利斯这样的教育实验，只有在寄宿学校里才能进行。

然而支持走读学校的理由也很充分。学校里缺失生活的许多方面：那是一个人工的世界，许多问题都与外面世界的问题不一样。一个只在假期回家，从而会获得家人百般照顾的男孩，他所获得的人生可能要比那些早晚都回家的男孩少得多。目前来看，女孩的情况与此略有不同，因为许多家庭都要求她们做些家务；但随着女孩教育逐渐被同化为男孩教育，她们的家庭生活也将变得相仿。因此，她们现有的许多家务知识也将丧失。在十五岁或十六岁之后，让孩子分担父母的家务和忧虑是有益的——但这种分担不能太多，因为那会干扰学业。可是总要分担一些，免得他们认识不到长辈也有他们自己的生活、自己的利益、自己的价值。在学校，唯有年轻人才有价值，而且学校所做的一切都是为了他们。在假期，家庭气氛往往受年轻人支配。因此，他们容易变得傲慢、冷酷，对成年人生活的烦恼一无所知，并且远离父母。

这种情形很容易对年轻人的情感产生不良影响。他们对父母的感情会逐渐减少，他们也不会懂得如何调整自己的行为，去与那些嗜好和追求不同于自己的人友好相处。我认为这将导致某种自私的自我完善，即觉得自己的人格最为重要。家庭生活能够自然地纠正这种倾向，因为家庭是由年龄不同、性别不同、职责不同的人构成的一个单位；家庭是有机的，它不同于那些由相似个体组成的单位。父母爱子女主要是因为他们在子女身上花费了大量心血；如果父母不在子女身上花费心血，子女就不会重视他们。然而他们所花费的心血必须是合理的——如果他们还有自己的工作和生活，那么只用付出必需的心血即可。尊重他人的权利是年轻人应该学会的事情之一。这在家庭里比其他地方更容易学到。让孩子知道他们的父亲总是为忧虑所累、母亲总是被琐事所缠，对他们是件好事。让孩子的孝心在青春期内得到表现，也是有益的。没有家庭亲情的世界将会变得严酷而机械，其成员个个唯己独尊，遇到挫折却又畏缩不前。恐怕这些不良后果，在一定程度上是因为孩子上寄宿学校而引起的，并且我认为其严重性足以抵消寄宿学校的诸多优点。

当然，正如现代心理学家所坚持的，父亲或母亲的过度影响是极为有害的。但是，如果像我所建议的那样，在孩子两三岁的时候送其去上学，就不会出现这样的情况。在我看来，孩子从小就上走读学校，有助于适当调和父母支配一切与父母无所作为的两种极端倾向。就我们刚才所提到的种种思考，如果再配上一个良好的家庭，上走读学校似乎是孩子成长的最佳途径。

对于那些敏感的男孩来说，让他们留在清一色的男孩圈子里，是有一定危险的。十二岁左右的男孩大多举止粗野且缺乏情感或感情迟钝。就在最近，在一所出名的公学里，一名男孩子因同情工党而被打成重伤。凡观点和嗜好不同于一般人的男孩，可能会遭受很大的痛苦。甚至在当下最现代、最进步的寄宿学校里，在与布尔人进行战争的期间，支持布尔人的男孩的日子就不好过。凡喜爱读书或者并不厌学的男孩子，几乎都要遭受虐待。在法国，那些智商极高的男孩子都会进入高师，不再与普通男孩混在一起。这种方法确实有一些好处。它能防止那些聪颖的孩子精神崩溃，防止他们成为那些不学无术孩子的跟屁虫，这种情况在英国经常发生。它能使那些不平凡的孩子避免承受原来必经的刺激和痛苦。它还能让那些聪明的孩子接受适合他们的教育，进度将远超过那些较迟钝的孩子。但另一方面，在以后的生活中，这种做法也会使这些知识分子与社会的其他阶层发生隔离，或许还会使他们不太能理解普通人。尽管存在这种缺点，但我认为，这总体上还是优于英国上层社会的做法，英国所有具有特殊头脑或超常能力的男孩都会被折磨，除非那些孩子碰巧也擅长娱乐。

然而，男孩子的野性不是不能矫正的，事实上，他们的野性已比过去减少许多。《汤姆·布朗的学生时代》为我们描述了黑暗的情形，与我们现在的公学相比，要野蛮得多。若与我们在前面几章所提到的受过早期教育的孩子相比，差距就更大了。我认为，男女合校——正如比达利斯所说的那样，在寄宿学校里，这是可能的——也许会让男孩学会讲文明。我不想贸然承认男女天生有别，但是我认为，较之男生，女生很少对行为怪异之人施以暴力。然而，现在很少有寄宿学校能令我放心地把那种在智力、品德和感受性方面超乎常人，或者在政治上不保守、在神学上不正统的男孩子送进去。对于这种男孩子，我确信现有的公学制度十分不友好。可是所有具备特殊才能的男孩子，几乎只能去这类学校。

在上述理由中，反对和赞成寄宿学校的兼而有之，但只有两种理由是基本且不可变更的，并且也是彼此对立的。一方面是乡村、空气和空间的好处，另一方面是家庭亲情和由理解家庭责任而得到的教育。那些住在乡下的父母有着赞成寄宿学校的另一种理由，即周边没有优质的走读学校。考虑到这些相互矛盾的理由，我认为不大可能得出任何共识。如果孩子既强壮又活泼，健康的理由就不必十分在意，这样赞成寄宿学校的理由就少了一条。如果子女对父母感情很深，那么赞成走读学校的理由就少了一条，因为假期便足以维持他们对家庭的爱恋，并且住校还能防止这种爱恋过度。一个具有特殊才能的敏感孩子最好不要进寄宿学校——在极端的个案中，甚至最好不要去上学。当然，一所好学校优于一个坏家庭，一个好家庭优于一所坏学校。如果两者都好，那么就要权衡利弊、酌情而定。

目前的所有意见，我都是从富裕父母的角度来写，因为对他们来说，个人选择是可能的。如果从社会的角度出发，用政治的眼光看待有关问题时，那么还有其他理由应当考虑。一方面，寄宿学校花费很大，而另一方面，如果孩子离家去上寄宿学校，又可简化住房问题。除了个别例外，我坚决主张每个孩子都应在校学到十八岁，此后才能开始进行专门的职业训练。虽然两种学校都还有诸多支持的理由，但在未来很长的一段时间内，经济上的原因将使得大多数工薪阶层子女选择进入走读学校。这种做法虽然未以教育为依据，但也没有有力证据证明这是个错误的决定，我们不妨予以接受。

第十八章　大学

在之前的章节中，我们已经讨论过品格和知识教育，在一个良好的社会制度下，这种教育应该向所有人敞开，并在事实上为所有人享受，除非遇有十分特殊的原因，比如音乐天才。（假如强迫莫扎特学习普通课程到十八岁，那将是不幸的。）但是，即使在理想社会里，我认为也会有许多人不上大学。我确信，目前只有少数人才能从延至二十一岁或二十二岁的学校教育中获益。当然，那些充斥于各个老牌大学的纨绔子弟很少能从中获益，只能从中养成些放荡的习惯罢了。因此，我们不得不讨论一下选拔大学生的标准。现在的大学生主要是那些父母有经济负担能力的人，不过这种选拔标准正在因奖学金制度而日渐改变。显然，选拔的标准应当基于教育，而非经济。一个受过良好学校教育的孩子，已经能够从事有益的工作。如果他还要免除社会服务，继续学校深造三四年，那么社会就有权希望他们能十分有效地利用这段时间。但是在决定什么人才能上大学之前，我们必须对大学在社会生活中的作用有些认识。

英国的大学已经经历了三个阶段，然而第二个阶段尚未完全被第三个阶段所代替。起初，大学只是那些培养牧师的学院。在中世纪时，几乎只有牧师才会上大学。后来，随着文艺复兴的到来，凡是富人都应该接受教育的观念开始流行，尽管女子仍被认为无须接受和男子同等的教育。在 17、18、19 世纪，英国的大学实行"绅士教育"，牛津大学如今依旧如此。根据我们在第一章讨论过的原因，这种过去非常有用的教育如今已经过时——它以贵族政治为前提，因此无法在民主政治和工业财阀政治中得以发展。如果要实行贵族政治，最好由受过教育的绅士去执政，但最好还是不要贵族政治。我不必讨论这个问题，因为它在英国已因《改革法案》和《谷物法》的废除而得到了解决，在美国则由独立战争解决。诚然，英国还保存着贵族政治的形式，但是其精神已经变成了财阀政治，这两者是截然不同的东西。附庸风雅的心态驱使那些成功的商人将其儿子送进牛津大学读书，以期儿子成为"绅士"，但结果却使得他们厌恶经商，这种状况会使得这些子女又陷入相对贫困，于是不得不自己谋生。因此，"绅士教育"已不再是英国生活的重要组成部分，在考虑未来的教育时，或可忽略不计。

现在英国的各大学正在恢复类似于它们在中世纪所处的地位——它们正在成为职业训练学院。律师、牧师和医生通常都接受过大学教育，高级文职人员也是如此。在各类工商业中，日益增加的工程师和技术人员都是大学生。随着世界变得越发复杂，工业变得越发科学化，专业人士的需求量正在不断增长，而这些人才主要来自大学。守旧人士哀叹技术学校入侵了纯学术领域，但是这种入侵仍在继续，因为这正是那些轻视"文化"的财阀们所需要的。财阀政治是纯学术的敌人，而其又比民主政治的进攻势头要强劲得多。"无用的"学问，就像"为艺术而艺术"，是贵族主义的理想，而非财阀主义的理想。若说无用的学问至今还有残留，那是因为文艺复兴时期的传统尚未灭绝。我为这种理想的衰败而深感遗憾——纯学术是贵族政治少有的优点之一。然而贵族政治的弊端太多，以致这个优点也被轻易地淹没了。总之，无论我们愿意与否，工业主义必然革除贵族政治。因此，我们不如坚定信心，保住那些我们能够移植到新的、更有效力的观念中去的东西。如果我们死死抱住传统不放，我们就是在打一场必败之仗。

若要使纯学术依然留存为大学的目标之一，就必须使它与社会的整体生活产生联系，而不仅仅与少数悠闲绅士的高雅乐趣产生联系。我认为无偏见的学术极为重要，我希望看到它在大学生活中的地位不断提高，而不是日渐衰落。在英国和美国，纯学术地位不断下降的主要原因是那种向无知的百万富翁筹集捐款的愿望。拯救的方法在于创造一个受过教育的民主政体，该政体将会愿意把公共资金投放到工业巨子不能欣赏的事业中去。此事并非不可能，只是需要普遍提高智力水平罢了。自从富人的资助成为学者生计的物质来源后，学者们就一直奉承富人，如果他们能够从这种姿态中解放出来，这事就会更容易办到。当然，人们容易将学术与学者混为一谈。现举一个假想的例子，如果一位学者不教有机化学，而教酿酒技术，或可改善其经济状况；他在经济上有所收益，但会在学术上受损。如果这位学者真正热爱学术，他就不会在政治上支持资助酿酒专家的酿酒商。如果他支持民主政体，那么民主政体就会更乐于了解其学术价值。基于以上原因，我希望看到学术团体都能依赖公共资金，而不是仰仗富人的捐款。在美国这种流弊比英国更为严重，但在英国也存在，并可能会增加。

抛开这些政治上的考虑，我认为大学是为了两个目的而存在：其一，训练专门职业人才；其二，进行学术研究，不追求速效与实用。因此，我希望在大学里所看到的是有志从事专门职业的学生，和在学术研究方面具有特殊才能的学生。但是，这并不能解决我们应如何为专门职业挑选人才的问题。

如今，除非父母有钱，否则孩子很难从事诸如法律和医学之类的职业，因为学费高昂，并且不能立即开始挣钱。其结果是，选拔的标准与社会和世袭挂钩，而与工作才能无关。现以医学为例，如果社会希望有效地发展医学事业，它就需要选择那些对此事业表现出热情和才能的青年接受医学训练。但目前，这一原则只能部分被实现，因为选拔仅限于在那些付得起学费的人中间进行，许多能够成为优秀医生的人却很可能付不起学费。这种人才的浪费令人叹惜。让我们再举一个性质不大相同的例子。英国是一个人口十分密集的国家，其大部分食物都依赖进口。从诸多角度来看，尤其是从战时安全的角度来看，如果粮食的自给量能够增加，那将是国家莫大的福分。然而，国家并没有采取任何措施来充分耕种我们非常有限的土地。农民主要是世代相沿：一般来说，父亲是农民，儿子也是农民。剩下的就是自置田产的人，他们有资本，但未必懂得农业技术。众所周知，丹麦的农业技术要优于我们，但我们却从未设法使我们的农民了解他们的技术。我们应当坚持凡获准耕种较多土地者，都必须持有科学农业的文凭，就像摩托车手必须持有驾驶证一样。政治上的世袭原则已经被废除，但是它在生活的其他许多领域中仍有残余。凡有它存在的地方，发展就受阻碍。我们必须用两项彼此相关的规定取代这一原则：第一，凡未掌握必要技能者不得从事重要工作；第二，这种技能只应向那些能力最强且渴望获得该技能的人传授，而无须考虑其父母的资产。这两项规定必能极大地提高工作效率。

因此，大学教育应被视为有特殊才能者的特权，并且那些有才能而缺钱的人应当享受公费教育。未能通过能力测试者不得入校，并且未向校方证明能够有效利用时间者不得留校。过去人们都将大学当成供富家子弟鬼混三四年的悠闲之地，目前这种观点正在消亡，然而这种观念就像查理二世那样，到临终时还在折腾。

当我说到大学里的青年男女不应懒散时，我必须立即做一补充，即对学业检测绝不是机械地照搬大纲。英国新建的大学都坚持要学生去听数不清的讲座，这是一种令人遗憾的趋势。对于蒙台梭利学校的幼儿来说，赞成个人作业的理由十分充分，既然如此，那么对于二十岁的青年，尤其当他们有热情又有才能时，这方面的理由就显得更为充足了。当我读大学的时候，我和我大多数朋友都觉得那样的讲座完全是浪费时间。的确，我们有点夸张了，但也不为过。举办讲座的真正原因是讲座是外显的工作形式，能够显示出学业的繁重，从而使得商业界人士乐意担负经费。如果大学教师采用最优的教学法，商人就会认为他们清闲，并会要求裁减教员。牛津大学和剑桥大学由于负有盛名，因此还能在一定程度上采用正确的教学方法；但是新建的大学却不能得罪商人，美国的多数大学也是如此。在新学期伊始，教师应该向学生提供一个需要精读的图书清单，同时还应提供一个并非取悦所有学生的读书清单。教师应当设计考卷，而考卷的答案只有那些真正领会书中要点的学生才会知道。教师应在学生做完考卷之后，与学生个别谈话。教师应当每周或每两周抽出一个晚上和那些希望见到老师的学生见面，和他们随便谈谈与学业相关的问题。所有这些做法与老牌大学的做法并无很大的不同。如果学生选择自己为考卷命题，即使其所出题目与教师不同，但只要难度相当，便可这样做。我们根据考卷便可判断出学生的勤奋程度。

有一点十分重要，每个大学教师都应从事学术研究，并且应该有足够的余暇和精力去了解各国在自己的学科领域中的进展。在大学里教书，教学技能已经不再重要，重要的是熟知自己所执教学科的知识，并且对该学科的动态发展具有浓厚的兴趣。这对于一个劳累过度且被教学弄得精疲力竭的人来说是不可能做到的。他所教的课程很可能会使他感到索然无味，而他的知识几乎肯定会仅限于他年轻时所学到的东西。每个大学教师都应当有休假年（每七年一次），以便去到国外的大学进修，或通过其他方式了解国外的学术状况。这在美国非常普遍。但是，欧洲各国对于自己的学术过于自信，认为没有出国学习的必要。这是十分错误的。我在剑桥大学读书时的数学教师几乎完全不了解过去二三十年间欧洲大陆的数学，在我上大学期间，我从未听到过维尔斯特拉斯的名字。直到后来出国旅行时，我才开始和现代数学家有所接触。这并不是一种罕见或例外的现象。许多时代里的许多大学，都有相似的现象存在。

大学里注重教学的人和注重研究的人之间往往存在着某种对立。这主要是由于以下两个因素：一、对于教学的错误观念；二、众多不勤奋、无才能的学生出现在课堂上。旧式教师的观念仍在某种程度上残留于大学之中。持有这种观念的教师希望对大学生施加良好的道德影响，并且希望向他们灌输旧式的和无价值的知识，人们大多知道这些东西是错误的，但又认为它们具有提升道德的作用。不应督促大学生读书，但若发现他们浪费时间，无论是由于懒散还是缺乏能力，都不应再让他们留在学校。唯一能从强制性要求中获益的道德是学习的道德，剩下的都属于人生早期的事情。强迫学生具有学习道德的办法是将那些不具有这种道德的学生驱逐出校，因为不如让他们去做别的事情。不应当要求教师长时间忙于教学，他们应拥有充分的空闲进行研究，但应要求他们合理地利用这些空闲。

当考虑大学在人类生活中的作用时，我们会发现，学术研究至少和教育教学同等重要。新知识是进步的主要原因，没有新知识，世界会立即停滞不前。将已有的知识广为传播并扩展其应用范围，世界也能继续进步，但这种进步是不可能持久的。如果所追求的知识是功利主义的，进步也不会持久。功利主义的知识需要通过无私的研究来充实，这种研究的目的仅仅在于更好地认识世界。一切伟大的进步起初都是纯理论的，只是后来才发现有实际应用的价值。尽管有些辉煌的理论永不会有实际的用处，但它们本身具有巨大的价值，因为认识世界便是最大的价值之一。如果科学和自制既能满足身体的需要，又能消灭残酷与战争，那么追求知识和美就永远是在实现我们努力创造的愿望。我不希望诗人、画家、作曲家或数学家一心想着他们的活动在实践中的未来应用效果。他们不如去追求一种幻象，去努力抓住和长久地留住他们起初曾在瞬间隐约看见的东西——这种东西使他们痴迷，人世间的其他一切快乐相比之下都变得黯然失色。所有伟大的艺术和伟大的科学都源于这样一种热烈的追求，即欲使虚无缥缈的幻象得以成为具象的追求，这种追求会诱使人们舍弃安全与舒适去忍受悲壮与痛苦。凡怀有这种情感的人绝不会受功利主义哲学的束缚，因为人之所以变得伟大，全归功于这种热情。

第十九章　结论

在旅程的终点，让我们回顾一下走过的路，以鸟瞰我们历经过的万水千山。

为爱所支配的知识是教育者所需要的，也是学生所应获得的。在人生早期，对学生的爱至关重要；之后，对所授知识的爱则变得愈发重要。初期重要的知识为生理学、卫生学和心理学知识，其中心理学知识对教师尤为重要。婴儿天生的本能和反射，可以因环境的影响而发展为各种不同的习惯，从而形成各种不同的品格。这大多发生在婴儿期，因此，在这一时期尝试培养品格最为理想。凡喜欢现有恶行的人都爱说人性难变。如果他们指的是人性在六岁以后难以改变，那么还有几分道理。如果他们指的是无法改变婴儿天生的本能和反射，也有几分道理，虽然优生学或能在这方面取得不俗成果。但是，如果他们指的是无法造就一个行为与当代成人有根本差异的人（而他们的本意往往就是如此），那他们就是在向所有的现代心理学发起挑战。假定有两个天性完全相同的婴儿，不同的早期环境也许会使他们成为气质完全不同的成人。早期教育的任务是，训练本能从而使其成为和谐的品格，能够善于建设而非破坏，充满热情而非冷漠阴沉，勇敢、坦率和聪慧。绝大多数儿童都能做到这一点——事实上，已经有人在用正确的教育方法来对待儿童。如果现有的知识能够加以利用，经过实验的方法能够得到应用，我们就能在一代人之内造就出几乎没有疾病、恶意及愚钝的公民。我们没有这样做，因为我们宁愿选择压迫和战争。

总的来说，本能的原材料既可引导为善，也可引导为恶。过去，人们不懂得训练本能，于是就被迫求助于压制。惩罚和恐吓曾是实现所谓美德的重要手段。我们现在已经知道压制不是好办法，因为它既不会真正有效，又会引起神经错乱。训练本能需要采用完全不同的方法，包括采用完全不同的技术。习惯和技能仿佛是为本能而开凿的一条水渠，能够引导本能驶往不同的方向。通过培养正确的习惯和技能，我们可使孩子的本能自发引出应有的行动。没有紧张感，因为没有抵抗诱惑的必要。没有压制，于是孩子会感到无拘无束。我并不是说情况会绝对如此，因为总会有不可预见的事件发生，这时，旧方法也许有使用的必要。但是儿童心理学发展得越完善，我们在幼儿园方面的经验越丰富，可以应用的新方法就越完美。

我已经尽力把美妙的前景展现在读者面前。试想一下这意味着什么：健康、自由、幸福、仁慈和理智，将会遍布世间。只要我们愿意，我们就能够在一代人之内迎来一个新的世界。

但是没有爱，这一切都不能实现。现在知识已经有了，然而爱的缺乏阻碍了知识的应用。有时我因人们对孩子缺少爱而深感绝望，比如，当我发现几乎所有被公认为品德高尚的领导人都不愿采取任何措施来防止有性病的孩子出生时。尽管如此，人们对于孩子的爱正在逐渐增加，因为这毕竟是我们的自然冲动之一。数世纪的残暴专制窒息了普通男女心中的怜悯仁慈。仅在不久前教会才停止教人诅咒未受洗礼的婴儿。狭隘民族主义是泯灭人性的另一种学说——在欧战期间，我们让几乎所有德国儿童都感染上了佝偻病。我们必须唤醒我们与生俱来的仁慈之心，若有某种学说让我们残害儿童，那么无论它对我们何等重要，也必须拒绝。大多数情况下，残忍主义的心理根源是恐惧，这就是我为何再三强调消除儿童恐惧的一个原因。让我们彻底消除那种潜伏在我们思想深处的恐惧。现代教育向人们展现了开创幸福世界的可能性，这种可能性很值得我们冒些个人风险，即使这种风险比想象中要大。

如果我们使青年摆脱了恐惧、束缚，以及放荡或受压抑的天性，我们便能自由、全面、毫无保留地向他们展现一个知识世界；如果教育方法得当，获取知识对于求知者，与其说是一种任务，不如说是一种享受。增加课程对于知识阶层的子女来说并不重要。重要的是一种冒险和自由的精神，即一种启程探索未知的意识。正规教育若能以这种精神进行，一切较为聪颖的学生都会自行努力去进行深造，他人所应做的就是为这种努力提供机会。知识可以使人从自然冲动和破坏欲中解放出来，没有知识，我们所希望的世界就无法建成。在无畏的自由氛围中培育起来的新一代，将具有更为宽广、更为勇敢的希望，因为我们这一代仍需与潜伏在我们意识中的迷信、恐惧作斗争。不是我们，而是我们造就的自由男女，必会看到一个崭新的世界，先是在希望中，而后是在光辉灿烂的现实中。

前进的道路十分明确。我们对子女的爱足以使我们踏上这条路吗？我们会再让他们经历我们曾经历过的痛苦吗？我们会让他们在年轻时饱受折磨、压制、恐吓，以致在之后因无知而不能阻止的无谓战争中丧生？自古就有的数以千计的恐惧阻断了通往幸福和自由的道路。但是爱能战胜恐惧，所以如果我们爱孩子，那就没什么能阻止我们将这份能力范围之内的厚礼献给儿童。